MAURICIO ORTIZ CH.

DEMONOLOGÍA EN LA TEOLOGÍA DE MARCOS

Prólogo por
Dr. NELSON MORALES FREDES

MAURICIO ORTIZ CH.

DEMONOLOGÍA EN LA TEOLOGÍA DE MARCOS

Prólogo por
Dr. NELSON MORALES FREDES

© 2020 Mauricio Ortiz Ch.
© 2020 Publicaciones Kerigma

© 2020 Publicaciones Kerigma
Salem Oregón, Estados Unidos
http://www.publicacioneskerigma.org

Todos los derechos son reservados. Por consiguiente: Se prohíbe la reproducción total o parcial de esta obra por cualquier medio de comunicación sea este digital, audio, video escrito, salvo para citaciones en trabajos de carácter académico según los márgenes de la ley o bajo el permiso escrito de Publicaciones Kerigma.

Diseño de Portada: Publicaciones Kerigma

Editor: Abner B. Bartolo H.

2020 Publicaciones Kerigma Salem Oregón
All rights reserved

Pedidos: 971 304-1735

www.publicacioneskerigma.org

ISBN: 978-1948578530

Impreso en Estados Unidos

*A mis padres Oscar y Eugenia,
a mi esposa Karina,
a mi hermana Julieta y a su esposo Paul,
a mis hijos Andrea, Isaac y Benjamín,
y a mis sobrinos Esteban, Pablo y Joel,
por su amor manifiesto y por añadir propósitos a mi vida.*

*A los profesores del Seminario Teológico Centroamericano,
por su valiosa labor en la capacitación de servidores de Dios.*

ÍNDICE GENERAL

Lista de tablas
Agradecimientos
Presentación del editor
Comentarios sobre el libro
Prólogo

1. INTRODUCCIÓN....................................... 21

   Planteamiento del problema............................ 21
   Objetivos.. 22
   Justificación... 22
   Preguntas de investigación............................. 23
   Metodología.. 23

2. EL TRANSFONDO DEL TÉRMINO "DEMONIO".. 25

   La demonología en el Antiguo Cercano Oriente
     y en el Antiguo Testamento............................ 25
   El término "demonio" en la literatura griega.............. 28
   El uso del término "demonio"
     en las traducciones griegas del Antiguo Testamento... 32
   La demonología en la literatura del Segundo Templo..... 38
   La práctica de exorcismos en el siglo I..................... 47
   Conclusiones... 52

**3. ASUNTOS INTRODUCTORIOS
DEL EVANGELIO DE MARCOS**...................... 55

   El contexto... 55
     El autor, la audiencia y el propósito................. 56
     La narrativa 58
   Los temas principales
     relacionados con esta investigación................. 59
     La identidad de Jesús..................................... 60
     El secreto mesiánico...................................... 63
     Los milagros... 65
     Los exorcismos... 68
   El prólogo.. 69

  Éxodo 23:20 y Mal 3:1 en la cita de Is 40:3
   (Mr 1:2-3)... 71
  Juan anuncia a Jesús (Mr 1:4-9)........................... 77
  La voz de Dios que declara la identidad de su Hijo
   (Mr 1:10-11).. 79
 Conclusiones... 82

4. EL ROL DE LOS DEMONIOS
EN LA TEOLOGÍA DE MARCOS........................ 85

 La tentación de Jesús (Mr 1:12-13)............................. 85
 El exorcismo en la sinagoga (Mr 1:21-28)................... 88
 La controversia sobre Beelzebú (Mr 3:21-35)................ 93
  ¿Alude Mr 3:27 a Is 49:24-25?........................... 93
  La oposición a la misión de Jesús
   manifiesta en la controversia............................... 99
 El endemoniado gergeseno (Mr 5:1-20).................... 111
 Los "géneros" de espíritus malignos (Mr 9:28-29)......... 118
 El rol de los demonios
  y su importancia en la teología de Marcos................ 121
 Conclusiones.. 125

5. APLICACIONES PARA LA IGLESIA ACTUAL..... 129

 ¿Por qué Dios permite
  que los espíritus malignos estén activos?..................... 129
 El escepticismo sobre la existencia de los demonios...... 131
 Las formas del mal en la sociedad del siglo XXI........... 139
 Conclusiones finales.. 142

BIBLIOGRAFÍA.. 145

LISTA DE TABLAS

Tabla 2.1: El verbo "vigilar" en Gn 2:15............................... 45

Tabla 2.2: Algunos "diablos" descritos en *Testamento de Salomón*........................... 49-50

Tabla 3.1: Términos "mensajero" y "camino" en Éx 23:20, Mal 3:1 y Mr 1:2.. 72

Tabla 4.1: Traducción de Is 49:24-25............................. 95-96

Tabla 4.2: Traducción de Mr 3:27............................. 96

AGRADECIMIENTOS

Ante todo, manifiesto mi profundo agradecimiento a Dios, por la reconciliación y la salvación que ofrece a todo aquel pecador que se arrepiente y cree en su Hijo Jesucristo, y por su honroso llamado a la capacitación bíblico-teológica, con la finalidad de servirle de mejor manera. El Señor nos permite a todos los creyentes participar en *la misión* de Jesús: *"Servir y rescatar a muchos"* (Mr 10:45), en el proceso del establecimiento total del Reino de Dios.

Expreso mi gratitud a mi esposa Karina, por su paciencia y apoyo continuos durante todo el desarrollo de esta investigación. Asimismo, estimo el interés de mis amigos colaboradores: Aarón Federico Figueroa Díaz, Martín Antonio Petrone Stormont y Francisco Javier Figueroa Weitzman.

De forma especial, agradezco la contribución del Dr. Alvin L. Thompson y Dr. Nelson Morales Fredes, reconocidos eruditos bíblicos, quienes, con su valiosa asesoría y oportunos aportes, han sido parte fundamental de esta obra. Aprecio mucho también la participación de destacados académicos (en Biblia, Teología, Psicología, Filosofía e Historia) y respetados servidores de Dios, quienes han leído y comentado esta investigación: Dr. Gary Williams, Lic. Gonzalo A. Chamorro, Cristian Gómez, Dr. Daniel S. Steffen, Dra. Nidia E. Suazo J., Dr. Luis Fernando Solares B., Dr. Rodrigo Figueroa Weitzman y Dr. Craig S. Keener.

Además, expreso mi agradecimiento a Publicaciones Kerigma y a su editor adjunto, Lic. Abner B. Bartolo H., M.Th., por haber confiado en este proyecto y haber hecho posible esta publicación.

PRESENTACIÓN DEL EDITOR

El Señor me permitió ministrar en diferentes lugares de Latinoamérica y observé dos extremos con respecto al tema de los demonios. Por un lado, existe la negación o la minimización de la actividad demoníaca y, por otro, la afirmación que los demonios están "en todas partes", "hasta en la sopa". En muchas congregaciones presbiterianas y bautistas ni se menciona el tema, mientras que en las iglesias pentecostales sí, principalmente en los cultos y los tiempos de oración por sanidad y liberación.

Crecí en una denominación que tiene una interesante combinación de bautista y presbiteriana, y los líderes eclesiásticos poco hacían mención de la represión y la expulsión de los demonios. Y mientras estudiaba en el *Seminario Teológico Iglesia Evangélica Peruana*, el principal seminario de la denominación, los estudiantes y profesores tuvimos una experiencia inusual. Uno de los estudiantes tuvo manifestaciones demoníacas. Algunos discutirán si fue posesión o influencia, o si ese estudiante era un verdadero cristiano o no. Pero sí estaba endemoniado. Tenía convulsiones, la mirada perdida, la actitud desafiante e iracunda, hablaba con una voz diferente, y blasfemaba contra Cristo. Felizmente, dos de los maestros tenían experiencia en la liberación espiritual. Esa fue, para la mayoría de aquellos estudiantes, nuestra primera experiencia de confrontación directa con las "huestes espirituales de maldad". Y el Señor nos permitió, en el nombre de Jesucristo, en oración y ayuno, liberar a un oprimido por Satanás. Por eso creo necesaria la implementación de programas académicos y la promoción de trabajos de índole exegético y teológico de este tema poco abordado en la mayoría de las instituciones teológicas occidentales.

Es verdad que muchos eruditos, principalmente de Europa y Estados Unidos, bajo una interpretación racionalista y materialista de la realidad y de los textos bíblicos, niegan la existencia y/o la actividad actual de los demonios. Sin embargo, hay otros académicos que no siguen esas líneas de pensamiento. Y en este segundo grupo se encuentra el maestro Mauricio Ortiz. A él tuve el privilegio de conocer por intermedio de su esposa, la maestra Karina A. Casanova, compañera de estudios y autora del libro *Una comparación del aspecto verbal entre el griego koiné y el español* (Salem: Publicaciones Kerigma, 2020).

Mauricio Ortiz hace una excelente labor exegética para interpretar el rol de los demonios en la teología de Marcos, el libro bíblico que más registra la confrontación con espíritus inmundos. Para entender esta temática, Ortiz se sumerje en la cosmovisión hebrea y la compara con la cosmovisión griega, analiza la traducción de la LXX, realiza una exégesis rigurosa y se vale de los comentaristas y eruditos contemporáneos que exponen acerca del tema. Además, ofrece un capítulo de aplicación para la Iglesia, el reconocimiento de la actividad actual de los demonios y las formas de mal que la Iglesia contemporánea tiene que enfrentar.

No hay duda que este libro, *Demonología en la teología de Marcos*, será de gran ayuda para los cristianos latinoamericanos, pastores y seminaristas. Y para Publicaciones Kerigma es un placer ofrecer este recurso para todos los creyentes de habla hispana. Este libro hará juego con otro importante recurso, *Ángeles, Satán y los demonios* (Publicaciones Kerigma, 2020), escrito por Graham A. Cole.

Para mí es un enorme placer recomendar este libro y es mi oración que el lector no solo disfrute de su lectura, sino también que esté preparado para enfrentar las asechanzas del enemigo, y use "toda la armadura de Dios". Pues el apóstol Pablo nos exhorta: *"Una palabra final: Sean fuertes en el Señor y en su gran poder. Pónganse toda la armadura de Dios para poder mantenerse firmes contra todas las estrategias del diablo. Pues no luchamos contra enemigos de carne y hueso, sino contra gobernadores malignos y autoridades del mundo invisible, contra fuerzas poderosas de este mundo tenebroso y contra espíritus malignos de los lugares celestiales. Por lo tanto, pónganse todas las piezas de la armadura de Dios para poder resistir al enemigo en el tiempo del mal. Así, después de la batalla, todavía seguirán de pie, firmes"* (Ef 6:10-13 NTV).

Abner B. Bartolo H.
Profesor de Ciencias Bíblicas y Teológicas, Universidad Filadelfia de México. Profesor del Seminario Teológico Kerigma. Editor adjunto de Publicaciones Kerigma.

COMENTARIOS SOBRE EL LIBRO

¿Qué debemos creer acerca de la actividad de los demonios hoy? ¿Cómo debemos resistirla? Mauricio Ortiz nos proporciona orientación bíblica valiosa ante tales preguntas mediante un estudio del papel de los demonios en la teología de Marcos. Parte de un necesario trasfondo histórico, esbozando creencias sobre los demonios manifestadas en el Antiguo Cercano Oriente, en el Antiguo Testamento (tanto en el texto hebreo como en las versiones griegas), en la literatura griega, en los escritos judíos de los períodos intertestamentario y neotestamentario y en las prácticas judías de exorcismos en el siglo I. Luego examina de cerca el papel de Satanás y los demonios en Marcos, prestando particular atención a la tentación de Jesús y cuatro exorcismos realizados por Él. El libro concluye con algunas aplicaciones para la Iglesia hoy. En esta obra Mauricio nos aporta elementos bíblicos y teológicos clave para comprender la actividad de los demonios, armarnos ante sus asechanzas, y aumentar nuestra comprensión y aprecio de la forma y el mensaje del evangelio de Marcos.

Dr. Gary Williams, Ph.D. Profesor de Antiguo Testamento y Editor de Revista *Kairós*, Seminario Teológico Centroamericano.

Uno de los desafíos más importantes para el quehacer teológico en nuestros días, lo constituye la seriedad con que nos acercamos a estudiar las Sagradas Escrituras. En este sentido, la obra que usted, estimado lector, tiene en sus manos, se constituye en una joya literaria única y científica del más alto nivel en toda Hispanoamérica. Su autor, Mauricio Ortiz, nos deleita con una acuciosa investigación sobre el rol de los demonios en la teología de Marcos. Esta obra es indispensable en la biblioteca de cualquier líder o pensador teológico que se pregunta por las bases de su fe y por los temas que han generado mayor discusión en la historia de la interpretación. Me refiero aquí a la demonología. ¡Enhorabuena!

Lic. Gonzalo A. Chamorro, M.Th. Director del Instituto CRUX, Guatemala.

Mauricio Ortiz ha realizado una excelente y completa investigación sobre el rol de Satanás y los demonios dentro del argumento y teología de Marcos. Su obra es muy útil como estudio del tema en el trasfondo de la literatura bíblica y judía. Puesto que Marcos utilizó el libro de Isaías, es muy importante ver cómo esta dependencia mostró la victoria de Jesús sobre la actividad satánica que afectó a Israel en el pasado y luego fue parte de la salvación de Jesús para sus seguidores desde el primer siglo hasta ahora. A pesar de que el mundo erudito europeo/norteamericano tiende a atribuir el lenguaje de la actividad demoníaca como un mito, o representante de los poderosos seres humanos opuestos a Dios, Mauricio muestra que la creencia en tal actividad en el contexto histórico de Marcos era una de las experiencias diarias de los primeros lectores. Existía una gran necesidad de un estudio serio y académico como este para evitar los dos extremos: Negar la actividad satánica y demoníaca, por un lado; o, por el otro, enfatizarlas con temor al extremo.

Dr. Daniel S. Steffen, Ph. D. Profesor de Nuevo Testamento, Dallas Theological Seminary.

Con este trabajo de investigación Mauricio Ortiz ha logrado llenar una necesidad ingente en las comunidades de fe, donde se ha abusado del miedo al diablo y de la supuesta guerra espiritual, que tiene más de zoroastrismo gnóstico que de enseñanza bíblica. De ahí la pertinencia de exponer acerca del contexto meso-oriental del que Israel bebe su concepción de los demonios y hacer la exégesis para entresacar los sentidos desde los distintos términos hebreos y griegos, en el entendido de una revelación progresiva que nos permite entender la obra de Jesús como portador del Reino de Dios y su victoria sobre el mal, desde la óptica muy particular del primer evangelio en ser redactado, el de Marcos. La reflexión final que encara el escepticismo, nos invita a la actitud mesurada entre superstición e increencia; pero demuestra que el mal está hoy aquí en sus formas más destructivas. La autoridad que Jesús ha dado a todos los creyentes para que en Su Nombre expulsen los demonios, debe ser ejercida por la Iglesia hasta el advenimiento de la plenitud que acarrea el retorno de Cristo y la resurrección.

Dr. Cristian Gómez. Presidente de Maná, Museo de las Sagradas Escrituras, CDMX.

Es importante comprender que Dios ha permitido que Satanás y sus demonios cumplan con propósitos definidos para los cristianos. La clave es estar conscientes de estos propósitos para saber qué actitud asumir frente al maligno. Es saludable tanto espiritual como *psicológicamente* adoptar una postura equilibrada sobre los demonios y los exorcismos. En lo particular creo y he visto que la lucha espiritual está vigente. En *la consejería* fácilmente se pueden encontrar casos de personas poseídas, aunque es necesario ser capaz de diferenciarlos de los ocasionados por una perturbación o enfermedad mental. Por ello, los cristianos y consejeros deben estar entrenados para tratarlos. Satanás no solamente trabaja desde afuera y desde adentro de las personas, sino también en el sistema mundial de pensamientos y acciones, a nivel macro y micro de la sociedad. La Iglesia es responsable de continuar cumpliendo con el propósito de Jesús de instaurar el Reino de Dios en este mundo. ¿Cómo lo hará? Entre muchas otras acciones, oponiéndose al mal y al maligno en sus diferentes manifestaciones. Recomiendo la lectura de este libro ya que el tema es importante y oportuno.

Dra. Nidia E. Suazo J. Profesora de Consejería y Psicología, Psicóloga y Consejera del Centro de Consejería, Seminario Teológico Centroamericano.

Pertenecí al mundo del ocultismo y la intelectualidad en el que fui líder de varias sectas y organizaciones para las que Satanás y sus demonios no son más que un mito. Después de mi conversión al cristianismo, me percaté de que, en la práctica, la demonología ha sido demasiado enfatizada como también vetada en diversos contextos eclesiásticos. Estoy seguro de que este libro traerá equilibrio al entendimiento bíblico de este tema para muchas personas.

Dr. Luis Fernando Solares B. Pastor general y fundador de la Iglesia de Jesucristo "La Familia de Dios", Presidente del Seminario Bíblico Teológico de Guatemala (SETEGUA) y Canal 27 de televisión.

La tensión entre el bien y el mal aparece en innumerables pasajes de las Sagradas Escrituras, pero también en un sinnúmero de obras de carácter filosófico: *"En todos los problemas punzantes de la existencia humana, solo hay elección entre el bien sobrenatural y el mal"* (Simone Weil, *La persona y lo sagrado* en *Escritos de Londres y últimas cartas*). Lo que escribió Weil, filósofa francesa, refleja lo que es una experiencia vital de primera magnitud en la conciencia de cualquier sujeto. La investigación de Mauricio Ortiz, referida al papel de los demonios (los espíritus malignos) en la teología del evangelista san Marcos, ahonda precisamente en esta batalla entre quienes quieren el bien y aquellos agentes activos que buscan la perdición del hombre incitándolo a la rebeldía contra Dios. En consecuencia, este estudio profundiza en un tema teológico decisivo en la economía de la salvación. El hombre es tentado por Satanás para apartarse de Dios, y la misma Escritura nos advierte de ello: *"Aférrate a la instrucción, no la sueltes; guárdala, que es tu vida. No te metas por la senda de los perversos, ni vayas por el camino de los malvados. Evítalo, no pases por él, apártate de él, pasa adelante"* (Proverbios 4, 13-15).

Comentando estas palabras, en un sermón del 26 de junio de 1831, John Henry Newman afirmó lo siguiente: *"Cuando digo que hemos de resistir los inicios del mal, no me refiero solo al primer acto externo, sino al primer mal pensamiento que surja. Cualquiera que sea la tentación, puede no haber tiempo para esperar y mirar sin ser atrapado. ¡Ay de nosotros, si Satanás, por así decirlo, nos ve primero! Porque para él, como ocurre con algunos animales de presa, vernos supone dominarnos. En el instante en que advertimos la tentación, si somos sensatos, hemos de volverle la espalda sin pararnos a pensar o razonar sobre ella; y ocupar la mente en otros pensamientos"* (*Sermones parroquiales Vol. VIII. Sermón 5. La curiosidad nos incita a pecar*). Tal como nos sugiere esta cita, escapar de Satanás, "darle la espalda" es casi la única estrategia humana para no caer en sus trampas, pues el pecado del hombre consiste no en introducir el mal en el mundo, sino en "consentir a él", idea profundizada por el teólogo belga Adolphe Gesché en su libro *El mal*.

El mal genera cuestionamientos casi insolubles, incluso para alguien de fe. Sitúa al hombre en una encrucijada y en una perplejidad espiritual y moral. Con frecuencia el mal y su oscuridad abaten abisalmente al hombre: *"La Revelación cristiana nos enseña a no considerar el sufrimiento como el mal radical, sino como la consecuencia natural de él, como la forma que tenemos de experimentarlo. El mal radical es el pecado. Sin conocer lo que el pecado significa es imposible comprender el cristianismo"* (Robert Spaemann, *El rumor inmortal. La cuestión de Dios y la ilusión de la Modernidad*). La condición humana supone la posibilidad de padecer y cometer el mal (habitualmente nos toca experimentar ambas) y, ante esta triste constatación, el cristiano espera, trata de confiar en que el mal no tendrá la última palabra en su vida y que será el bien el que, finalmente, triunfará. Sin embargo, aun sosteniendo esa esperanza, en la vida de cualquiera las tentaciones y los padecimientos pueden presentarse en cualquier momento, "viven" a la vuelta de la esquina, y el puro querer humano no parece tener herramientas por sí mismo para vencerlos.

En el libro de Génesis *"el mal es lo que no estaba previsto"* (Gesché). El mal, entonces, es el sinsentido, lo que surge sin que formara parte del plan de Dios sobre la creación. No es lo que Dios quería para el ser humano, no es lo que estaba en su "mente" una vez que hizo al ser humano "a imagen suya" (Génesis 1, 27). Nada en la acción divina es imperfecto y, en consecuencia, lo maligno perturba la creación entera, y el ser humano, al igual que Dios, son "sorprendidos" por esta repentina aparición del mal "encarnado" en los ángeles desobedientes y soberbios. El mal no tenía ningún lugar cuando Dios hizo el universo. Sin embargo, el mal existe y tiene un punto de partida, procede de un personaje desconocido, único responsable-culpable desde este punto de vista" (Gesché).

En consecuencia, tal como indica la cita precedente, el mal no proviene ni de Dios ni de los hombres, sino de un tercero, el ángel rebelde. Esta oposición diabólica precede al consentimiento humano y, por consiguiente, lo que el mal es "no se plantea ni se percibe en términos de responsabilidad, sino de accidente y de desgracia" (Gesché). En síntesis, si bien el hombre no se puede eximir de su responsabilidad cuando actúa mal, es claro que en la teología cristiana el ser humano es también una víctima del tentador. El protagonismo que Satanás tiene en su afán por manchar la relación entre el hombre y su Creador se hace patente en la acuciosa y sugerente investigación de Mauricio Ortiz.

Dr. Rodrigo Figueroa Weitzman, Ph.D. Profesor de Filosofía, Universidad de los Andes, Chile.

PRÓLOGO

No solo en el mundo latinoamericano, sino en todo el orbe del sur global, el tema de la demonología es sumamente vital en la eclesiología tanto evangélica como católica. Recuerdo una conversación con un pastor en Guinea Ecuatorial hace no mucho tiempo atrás. Me decía algo como: "Nuestro problema pastoral no es si nos llegamos a topar con algún exorcismo, sino por el contrario, es cómo balancear nuestro ministerio de exorcismo con las demás tareas pastorales". Esa misma tensión se vive como resultado de la superstición religiosa –solo por mencionar algunas– en áreas del Caribe, las Amazonas, Guatemala (con la veneración a Maximón) y México (con el desafío frontal al culto de la santa muerte), en fin. Estamos rodeados de una lucha espiritual palpable.

El estar consciente de esta lucha estimula la investigación del tema. De hecho, mucho se ha escrito sobre esto, pero desde perspectivas más teológicas y eclesiológicas. Esta obra examina otra avenida poco explorada. La presencia y función de los demonios en el evangelio de Marcos salta a la vista desde 1:12 en adelante. Así que Mauricio Ortiz le sigue la pista desde una óptica literaria. Quiere discernir cuál es el rol de los demonios en la teología de Marcos. En el fondo, trata de responder las preguntas: ¿Por qué aparecen tantos encuentros entre Jesús y los demonios en Marcos? ¿Qué es lo que quiere comunicar el evangelista con estos encuentros? ¿Qué nos dicen acerca de Jesús y del Reino de Dios? ¿Qué nos dicen acerca de los discípulos de Jesús hoy?

Para lograr este propósito, de manera minuciosa, primero traza la conceptualización del término demonio en la literatura pertinente de trasfondo. Se observa un desarrollo del concepto desde el hebreo hacia la traducción griega de Los Setenta, o Septuaginta. Los traductores han agrupado aquellos términos que denotan seres espirituales con actividad negativa bajo la traducción de δαιμόνιον y se reservan el término ἄγγελος para los que actúan como mensajeros de Dios. El término δαιμόνιον se va cargando semánticamente durante su desarrollo en el periodo del Segundo Templo. Así, al llegar a Marcos, el concepto se circunscribe a seres espirituales que rechazan a Dios y actúan entre los seres humanos. Actúan tan patentemente que no es de extrañar que durante el primer siglo fuera común la práctica de exorcismos.

Con eso en mente, y luego de definir asuntos introductorios del evangelio de Marcos, Mauricio estudia cómo la batalla de Jesús con Satanás y los demonios se enmarca en el concepto teológico del Nuevo Éxodo, en donde la relación se dibuja en términos apocalípticos. A lo largo de su investigación muestra una y otra vez que este marco teológico es clave para el análisis del rol de los demonios en la teología del evangelista.

Resulta clave para esta teología la cita de Isaías 40 en Marcos 1 y la alusión a Isaías 49 en Marcos 3. La derrota de Satanás y los demonios por parte de Jesús ejemplifica a Dios llevando de vuelta su pueblo a Sion. Jesús el Mesías derrota a los enemigos espirituales en la conquista de Sion. La limpieza del Templo también ilustra cómo Jesús derrota la corrupción en la que Satanás tiene sumido al liderazgo religioso. Con todo y lo activos que son, nunca pueden ni siquiera desafiar el poder del Mesías, más bien se le someten apenas lo ven pues reconocen su autoridad. Jesús el Mesías proclama el Evangelio del Reino, que incluye la derrota de Satanás y los demonios, y no solo el perdón de pecados.

Este escenario queda como base para las reflexiones que el autor hace acerca del tema en América Latina hoy. Presenta buenos desafíos acerca de lo que él percibe como manifestaciones de la maldad en el siglo XXI. No me adelanto a contar el final de la obra. Lo dejo para que quien lea disfrute, al igual que yo, de estas agudas y pertinentes reflexiones. Satanás sigue activo y Jesús sigue siendo el Señor y Mesías. Nuestra tarea de proclama del Evangelio del Reino sigue también vigente e incluye sin duda esta dimensión espiritual.

Dr. Nelson Morales Fredes, Ph.D. Profesor de Biblia, Seminario Teológico Centroamericano.

Capítulo 1

INTRODUCCIÓN

Planteamiento del problema

Marcos inició su evangelio revelando un mundo en el que los intereses cósmicos y los terrenales se intersecan como dos planos en una línea. El Espíritu descendió sobre Jesús desde los cielos rasgados y lo condujo al desierto para luchar contra Satanás. Usando imágenes de la tradición judía y del pensamiento apocalíptico disponible de su época, el evangelista percibió un mundo en el que Satanás era el gobernante fuerte de un reino unido de demonios que luchaba contra Dios. Según la exposición de Marcos, esta batalla cósmica se manifestó durante el ministerio de Jesús.[1]

La historia básica se desarrolla a lo largo del evangelio a medida que Jesús, lleno del Espíritu, inauguró el Reino de Dios luchando contra Satanás y sus espíritus malignos para liberar al hombre y así formar una nueva comunidad que hiciera la voluntad de Dios. El evangelista estableció el espacio, el problema, los caracteres, la acción y el eventual final del conflicto tanto humano como cósmico. En la narrativa del evangelio, Marcos repitió esta línea de la historia con la función retórica de persuadir al lector a testificar y sufrir por la causa de Jesús y del Evangelio.[2]

A lo largo de todo el evangelio de Marcos, los protagonistas malignos de esta lucha espiritual son: Satanás ("Beelzebú" o "príncipe de los demonios") y los demonios o espíritus inmundos (impuros). El evangelista se refirió a ellos un total de treinta y seis veces usando los términos siguientes o sus formas conjugadas: "espíritu(s) impuro(s)" (πνεῦμα ἀκάθαρτος) y "demonio(s)" (δαιμόνιον), once veces cada uno; "Satanás" (Σατανᾶς), seis veces;

---

[1] Elizabeth E. Shively, *Apocalyptic Imagination in the Gospel of Mark. The Literary and Theological Role of Mark 3:22-30* (Scotland: De Gruyter, 2012), 1.
[2] Ibíd., 2.

"endemoniado(s)" (δαιμονίζομαι), cuatro veces; y "Beelzebú" (Βεελζεβούλ), "espíritu mudo" (πνεῦμα ἄλαλον), "espíritu" (πνεῦμα) y "espíritu mudo y sordo" (ἄλαλον καὶ κωφὸν πνεῦμα), una sola vez cada uno. En los relatos también figuran los oponentes humanos de Jesús, que pueden ser familiares, religiosos o discípulos, entre otros.

Es evidente la importancia que Marcos otorgó a los protagonistas espirituales malignos incluyéndolos tantas veces en su narrativa (en comparación con los otros evangelistas), lo cual conduce a plantear el problema como el esclarecimiento de por qué el rol de los espíritus malignos y demonios es significativo en la teología de Marcos.

Objetivos

El objetivo general de esta investigación es definir la importancia del rol de los demonios en la teología de Marcos. Los objetivos específicos a alcanzar son los siguientes: Primero, conocer el trasfondo literario que abrió el panorama de influencia que Marcos pudo tener en mente en su demonología, incluyendo el término griego "demonio"; segundo, resaltar algunos textos del AT a los cuales el evangelista hizo alusión, relacionados con el poder salvífico de Dios; tercero, estudiar los pasajes de mayor relevancia concernientes al rol de los demonios en este evangelio (delimitación del estudio); y cuarto, determinar las aplicaciones pertinentes para la Iglesia actual con una propuesta bibliocéntrica, sin aminorar ni exagerar la importancia del rol de la Iglesia en contraposición al rol de los demonios.

Justificación

La lucha entre el bien y el mal es un tema que se ha tratado desde la antigüedad en muchas culturas, dando lugar a diferentes mitos acerca del origen de los seres espirituales de maldad. La rebelión de los espíritus y su rol en contra de Dios y de la

Introducción

humanidad se observa tanto en el AT como en la literatura del Segundo Templo. Esa lucha se hace aún más palpable en los evangelios, y en Marcos se enfatiza dicho conflicto, el cual se manifiesta con la reacción de los espíritus malignos ante la figura de Jesús, "el más poderoso", que ha venido a liberar al hombre de la cautividad de Satanás y a establecer el Reino de Dios. Por lo tanto, es importante conocer cuál es el rol de los demonios en la teología de Marcos y qué implicaciones tiene dicho conocimiento para la Iglesia actual.

Preguntas de investigación

Las preguntas que dirigirán el curso de la presente investigación son las siguientes: ¿Qué literatura pudo influir en el pensamiento de Marcos en relación al tema de los demonios? ¿A qué posibles pasajes del AT el evangelista pudo hacer alusión como base para dar cumplimiento al rol de Jesús como el liberador? ¿Por qué el rol de los espíritus malignos y demonios es significativo en la teología de Marcos? ¿Qué implicaciones tiene lo anterior para la Iglesia actual y su rol en la implantación del Reino de Dios?

Metodología

En el segundo capítulo se presenta un estudio bibliográfico relativo al trasfondo del término "demonio", que incluye: La demonología en el Antiguo Cercano Oriente y en el AT, en la literatura griega, en las traducciones griegas del AT y en la literatura del Segundo Templo. Posteriormente se expone sobre la práctica de exorcismos en el siglo I. El tercer capítulo se centra en los asuntos introductorios del evangelio de Marcos: El contexto, los temas principales relacionados con esta investigación y la trascendencia del prólogo como base para la lectura del resto del evangelio.

En el cuarto capítulo se indica cuál es el rol de los demonios y su importancia en la teología de Marcos. Para ello se estudian los siguientes relatos: La tentación de Jesús (Mr 1:12-13), el exorcismo en la sinagoga (vv. 21-28), la controversia sobre Beelzebú (3:21-35) y el caso del endemoniado gergeseno (5:1-20). Además, se trata el tema de los "géneros" de espíritus malignos (9:28-29). Finalmente, en el quinto capítulo se determinan las aplicaciones, el reto que este tema implica para la Iglesia actual y las conclusiones de la investigación.

Capítulo 2

EL TRASFONDO DEL TÉRMINO "DEMONIO"

Al inicio de este capítulo se presenta un estudio bibliográfico relativo a la demonología en el Antiguo Cercano Oriente y en el AT. Luego se expone sobre el término griego "demonio" y acerca de su uso en las traducciones griegas del AT. Posteriormente se hace referencia a la demonología en la literatura del Segundo Templo y a la práctica de exorcismos en el siglo I. Por último, se cierra el capítulo con las conclusiones del mismo.

La demonología en el Antiguo Cercano Oriente y en el Antiguo Testamento

En términos generales, en el Antiguo Cercano Oriente no se conceptualizaba a los demonios como seres sobrenaturales malvados. Más bien, se creía en seres enviados por una divinidad para realizar juicios en respuesta a las transgresiones humanas. Los antiguos habitantes de la región no asignaban un carácter moral a ningún ser sobrenatural subordinado a una deidad. Este ser sobrenatural no era ni intrínsecamente bueno ni intrínsecamente malo. Los antiguos creían que toda deidad tenía la autoridad para juzgar las actividades de los mortales. En su mundo, la relación divina-humana era dinámica, fundada en la noción de que las deidades emitían sus juicios regularmente. Dichas culturas no previeron la comprensión posterior de, ya sea "ángeles" o "demonios".[1]

---

[1] Anne Marie Kitz, "Demons in the Hebrew Bible and the Ancient Near East", *Journal of Biblical Literature* 135/3 (2016): 447, 464. Michael S. Heiser explica que los textos antiguos del Cercano Oriente dejan bastante claro que las personas que vivieron en tiempos bíblicos analizaron los desastres naturales de

Por ejemplo, en la mitología acadia se menciona a un ser sobrenatural subordinado llamado *rābiṣu*. Este término posiblemente tuvo influencia sobre la palabra hebrea *rōbēṣ* (רבץ, Gn 4:7) porque comparten la misma raíz. Los textos acadios indican que *rābiṣu* era un ser neutral, como una corriente de viento que era enviada por las deidades para realizar ciertas misiones. Esta raíz también está presente en el término *rābᵉsâ* (רבצה, Dt 29:19), que significa "maldición".[2] El rol asociado con *rābiṣu* en realidad se refiere a su *misión* y no a su condición moral.[3]

El AT también alude a seres sobrenaturales subordinados con *roles destructivos*. Dios, el Santo de Israel (אל וקדוש ישראל, Sal 78:41), envió "mensajeros malvados" (מלאכי רעים) que expresaban la divina "ira", "indignación" y "angustia" (עברה וזעם וצרה, v. 49). Cuando David fue castigado por haber hecho un censo (2 S 24:16), el "ángel" (מלאך) de Yahvé se describe como "el que destruye" (המשחית). Este término es el mismo que se usa cuando se describe al ángel que envió Yahvé para destruir a los primogénitos en Egipto (Éx 12:23).[4] Es interesante el hecho de que estos "ángeles" (מלאכים) actuaban de acuerdo con las instrucciones de Yahvé. Ellos podrían tener alguna relación con el "viento destructivo" (רוח משחית) del cual Yahvé declaró: "Estoy a punto de agitar (הנני מעיר) contra Babilonia" (Jer 51:1). En estos casos era Yahvé quien enviaba estos seres

---

manera mítica. Las tormentas, los terremotos, las enfermedades, las hambrunas y similares, fueron arrebatos de ira de una serie de deidades. La calamidad, enfermedad o muerte, podían ocurrir ya sea como la acción de alguna deidad hacia el ser humano, o como un efecto secundario de un conflicto con otra deidad. Michael S. Heiser, *Demons What the Bible Really Says About the Powers of Darkness* (Bellingham: Lexham, 2020, versión Kindle).

[2] Este ser sobrenatural mesopotámico se menciona, por ejemplo, en el mito acadio *Nergal y Ereshkigal*. James B. Pritchard, ed., "Akkadian Myths and Epics", en *Ancient Near Eastern Texts Relating to the Old Testament*, traductor del capítulo E. A. Speiser (Princeton: New Jersey Princeton University Press, 1969), 103. "En Gn 4:7 el contexto es poco claro y este término pareciera designar el nombre de un demonio". William Lee Holladay, "רבץ", *A Concise Hebrew and Aramaic Lexicon of the Old Testament* (Leiden: E. J. Brill, 1988, versión BibleWorks 10).

[3] Kitz. "Demons in the Hebrew Bible", 447.

[4] Ibíd., 447-448.

sobrenaturales subordinados a causar estragos.⁵ Conforme a los puntos de vista convencionales, aunque estos seres podían actuar como "demonios", no pueden identificarse así porque era Yahvé quien les ordenaba actuar.⁶

Existía un ser enigmático mencionado en una de las fiestas hebreas llamada "de la Expiación" (Lv 16:1-34, 23:27-32; Nm 29:7-11). En esta fiesta la comunidad ofrecía dos machos cabríos sobre los cuales se echaba suerte, uno para Yahvé y otro para Azazel (עזאזל, ʿăzāʾzēl). Según BDB,⁷ este nombre significa "eliminación completa" o "espíritu acechador del desierto" y Holladay lo traduce "demonio del desierto".⁸ Los israelitas creían que los demonios residían en los lugares solitarios (Is 13:21, 34:11-14; Tob 8:3; Mt 12:43). Por eso, Azazel podría designar a algún ser maléfico al que se le enviaba el macho cabrío emisario en señal de desprecio y de deshonra, pues llevaba los pecados del pueblo.⁹

---

⁵ "En contextos bíblicos como estos y 1 S 16:14-23, 18:10, donde Dios enviaba un espíritu malo (LXX: πονερά πνεύματα) afligiendo a Saúl, o para los espíritus que provocaban vientos, los traductores griegos fueron cuidadosos en utilizar πνεῦμα, y se abstuvieron de usar δαιμόνια para estos seres, presentándolos consistentemente como 'espíritus'". Dale Basil Martin, "When Did Angels Become Demons?", *Journal of Biblical Literature* 129/4 (2010): 667.

⁶ Kitz, "Demons in the Hebrew Bible", 448.

⁷ F. Brown, S. Driver y C. Briggs, "עזאזל", *The Brown-Driver-Briggs Hebrew and English Lexicon* (Peabody: Hendrickson, 2008, versión BibleWorks 10).

⁸ Holladay, "עזאזל", *A Concise Hebrew and Aramaic Lexicon of the Old Testament* (Leiden: E. J. Brill, 1988, versión BibleWorks 10).

⁹ "Las versiones griegas traducen el nombre misterioso de Azazel de diferente manera. LXX traduce: 'el que es arrojado' (ἀποπομπαῖος, εἰς τὴν ἀποπομπήν, εἰς ἄφεσιν). Aquila, por su parte, traduce: 'el que es soltado' (ἀπολελυμένος); Símaco: 'el que se va' (ἀπερχόμενος); y Vulg.: 'emissarius'. Los lexicólogos modernos, por su parte, han buscado diversas etimologías hebraicas al nombre Azazel: Provendría de 'Azaz'el ('Dios fuerte'), o 'Az'azul ('el fuerte caído'), o 'Az'azel ('el velludo'), o 'Iza'el ('dios-cabra'). Gesenio prefiere ver en Aza'zel una forma intensiva de azal ('el alejado'); así, daría 'azalzêl, lo que vendría a coincidir con las antiguas versiones griegas. Los que suponen que Azazel es un ser demoníaco lo comparan con el *Set-Tifón* ('el saqueador' o 'destructor') de los textos egipcios, cuyo furor reclamaba víctimas, o el *Averruncus* de los romanos, al que había que aplacar para evitar los males que podía enviar. Tobías 8:3 menciona un demonio llamado Asmodeo que habitaba en el desierto". Maximiliano García Cordero, *Biblia y Legado del Antiguo Oriente*,

Sin embargo, existían diferencias entre las creencias hebreas en demonios en el AT y las de otras culturas. Un ejemplo en Gn 1 es la forma en que el sol, la luna y las estrellas se denominaban simplemente "luminarias", mientras que las naciones circundantes las concibieron como dioses o "demonios" y les temieron y honraron. Otro ejemplo es la manera en que las calamidades y el mal se atribuían a Yahvé (1 S 16:14; 2 S 24:1).[10] A diferencia de las creencias de otras naciones del Antiguo Cercano Oriente, donde se atribuía las enfermedades a los demonios, es importante notar que en el AT las enfermedades se relacionaron a la disposición de Yahvé. Por ejemplo, las plagas de Egipto vinieron de la mano divina (Éx 9:3), e incluso las calamidades que alcanzaron a Job, incluyendo una enfermedad repugnante (Job 2:7), fueron perpetradas por el adversario (השטן)[11] pero con el permiso y control divino.[12]

El término "demonio" en la literatura griega

Según Archie T. Wright, "los *daimones* en los escritos griegos generalmente se concebían como seres divinos, poderes impersonales, agentes del destino o dioses. Operaban en la esfera

---

El entorno cultural de la historia de la salvación (Madrid: BAC, 1977), 379-380. "La literatura apocalíptica del Segundo Templo, inspirándose muy probablemente en el lenguaje del ritual del Día de la Expiación, tomó a Azazel como 'el príncipe de los demonios' (1 Henoc 8:1, 9:6, 10:4, 8, 13:1-2; cf. 11QTemple 26:3-13)". J. E. Hartley, "Día de la expiación", *Diccionario del Antiguo Testamento: Pentateuco*, eds. T. Desmond Alexander y David W. Baker (Barcelona: CLIE, 2012), 366.

[10] H. Bietenhard, "Demon", *Dictionary of New Testament Theology*, ed. Colin Brown (Grand Rapids: Zondervan, 1975), 1:451.

[11] R. K. Harrison, "Demon, Demoniac, Demonology", *The Zondervan Pictorial Encyclopedia of the Bible*, ed. Merrill C. Tenney (Grand Rapids: Zondervan, 1977), 2:95.

[12] Paul Middleton, "Overcoming the Devil in the Acts of the Martyrs", en *Evil in Second Temple Judaism and Early Christianity*, eds. Chris Keith y Loren T. Stuckenbruck (Tübingen: Mohr Siebeck, 2016), 363-364.

humana en nombre de los dioses del Olimpo".[13] Keimpe Algra explica que, por lo general, en la concepción griega antigua, los demonios en cuanto a su naturaleza podían ser considerados como seres de origen no humano o como "almas humanas sobrevivientes". Podían ser buenos, malos o neutrales. En cuanto a sus roles, podían representar y explicar lo inesperado o extraño, o podían ser ideados como supervisores de los asuntos humanos, ya sea como una especie de ángeles guardianes o como espíritus vengadores. Estos roles podían de hecho ser combinados de varias maneras.[14]

---

[13] Archie T. Wright, "Some Observations of Philo's *de Gigantibus* and Evil Spirits in Second Temple Judaism", *Journal for the Study of Judaism* XXXVI/4 (2005): 481.

[14] "Aunque los poemas homéricos a veces usan la palabra *daimon* como si fuera un simple sinónimo de *theos*, generalmente lo aplican en situaciones donde no se sabe con qué dios se está tratando, o más generalmente, para denotar un factor que es responsable de lo inesperado o inexplicable. En estos contextos, los demonios parecen diferir de los dioses comunes al no ser antropomórficos y en no ser susceptibles a la oración u ofrendas. Se puede pensar que los demonios de este tipo causaban enfermedades repentinas o fenómenos psíquicos como la locura (*Od.* 14, 488; 12, 295). En el folklore griego también se encuentran variantes más inofensivas de este tipo, tales como los *suntrips*, responsables de la inesperada rotura de la cerámica en el horno del alfarero, o los *taraxippos* responsables de los repentinos y aparentemente inexplicables ataques de pánico a los que los caballos son susceptibles. Otros demonios fueron concebidos para mostrar una relación especial hacia los seres humanos individuales, actuando como una especie de ángeles guardianes, ubicados a su lado y hasta cierto punto ayudándolos a determinar el curso de su vida. Hesíodo (*Op.* 122) asignaba una función similar a los demonios que son de origen humano. Las almas de la primera generación de hombres, *la Raza Dorada*, vivían como demonios buenos y se les llamaba 'demonios puros y buenos' que *vagaban por la tierra*, alejando al mal, y eran guardianes de hombres mortales (τοὶ μὲν δαίμονες ἁγνοὶ ἐπιχθόνιοι καλέονται / ἐσθλοί, ἀλεξίκακοι, φύλακες θνητῶν ἀνθρώπων). Se convertían en ángeles guardianes de una especie. Platón se refirió a este pasaje en el *Cratylus* (398d) y mencionó que Hesíodo y muchos otros poetas testificaron acertadamente que después de la muerte, a un hombre bueno se le otorgaba un importante destino y un gran honor y que él se convertiría en un demonio. Se pensaba que otros demonios seguían a los humanos no como guardianes sino como una especie de fuerza policial espiritual o como espíritus vengadores. Estas características también parecen ser el rol de un tipo de demonios reconocidos también por Hesíodo (*Op.* 252-255), que vigilaban los juicios y las malas acciones, *vagando sobre la tierra* en la niebla (τρὶς γὰρ μύριοί ἐπὶ χθονὶ πουλυβοτείρῃ/ἀθάνατοι Ζηνὸς φύλακες θνητῶν ἀνθρώπων·/οἵ ῥα φυλάσσουσίν τε δίκας καὶ σχέτλια

Algunas concepciones más filosóficas de los demonios afirmaban que "el carácter o hábito de un hombre es su demonio (ἦθος ἀνθρώπῳ δαίμων)".[15] Esto parece ser la primera aparición de la concepción filosófica de un *demonio interno*. Desde Heráclito en adelante esta noción de un dios interno, o de la divinidad del (o la parte racional del) alma se generalizó entre los filósofos. En la tradición platónica, comenzando con la representación mítica de *eros* en el discurso de Diotima en el *Symposium* de Platón, se encuentra otro uso filosófico del término "demonio", como intermediario y mediador entre el hombre y lo divino (o lo trascendente).[16] De Xenócrates en adelante también se encuentra la opinión de que tales demonios debían esta posición intermedia a su naturaleza "mixta", una naturaleza que compartía tanto lo divino como lo corpóreo. Se pueden encontrar ejemplos en las obras de, entre otros, Filón, Alcino y Plutarco.[17] Craig S. Keener expone que:

ἔργα/ἠέρα ἐσσάμενοι, πάντῃ φοιτῶντες ἐπ' αἶαν')". Keimpe Algra, "Stoics on Souls and Demons: Reconstructing Stoic Demonology", en *Demons and the Devil in Ancient and Medieval Christianity*, eds. Nienke Vos y Willemien Otten (Leiden: Brill, 2011), 74-75.

[15] Ibíd., 75.

[16] "Se encuentra aplicada por Sócrates en Jenofonte (*Mem*. IV, 3, 14), por Platón (*Resp.* 589e; *Tim.* 90a) y Aristóteles (*EN* 1177a13)". Ibíd., 76. Así lo expresó Platón: "Cada demonio es un ser intermedio entre Dios y el mortal; el hombre no se acerca directamente a Dios, sino que toda la relación y comunicación entre los dioses y los hombres se consigue con la mediación de demonios". Samuel Vila y Santiago Escuain, "Demonio", *Nuevo Diccionario Bíblico Ilustrado* (Terrassa: CLIE, 1985), 247.

[17] Algra, "Stoics on Souls and Demons", 76. Filón definió a los δαίμονες así: "Poseen una condición más próxima a Dios, jamás apetecen las cosas de la tierra y están consagrados entera y perpetuamente al servicio de Él, sirviéndole como mensajeros. Los filósofos griegos los llamaron *daimones*, las Escrituras los denominan *ángeloi* (*angéllousi* = ángeles = mensajeros) porque comunican o anuncian (a los hombres) las divinas revelaciones y mensajes, y a Dios, las necesidades humanas". José María Triviño, *Obras completas de Filón de Alejandría* (Buenos Aires: Universidad Nacional de La Plata, 1976), 1:26. Entonces, Filón igualaba el *daimon* con la idea judía de ángel (un mediador del conocimiento entre Dios y la humanidad). Wright, "Some Observations of Philo's", 481-482. "Existe una posible superposición entre la interpretación de Gn 6:1-4 por parte de Filón y la interpretación encontrada en el *Libro de los vigilantes*

Los griegos imaginaban dioses u otros espíritus que entraban en una persona, pero el término griego que se traducía "demonio" no era en sí mismo negativo, aunque a veces podía referirse a un espíritu maligno, a los espíritus de los muertos, o a alguien afectado por la locura. Los griegos a menudo aplicaron el término a las deidades o semidioses que iban desde el Olimpo hasta los espíritus supra-humanos, y a veces incluso el equivalente a los genios romanos. No todos estuvieron de acuerdo con esta categoría intermedia entre los dioses y los mortales, pero se llevó a cabo ampliamente. Josefo utilizó libremente este lenguaje helenístico en relación a lo divino.[18]

En síntesis, las tres concepciones principales de demonios que presentaba la tradición griega eran: 1) La noción filosófica de un demonio interno; 2) La idea tradicional de los demonios externos independientes (de origen no humano); y 3) La idea de los demonios como *almas humanas sobrevivientes*, que fueron etiquetadas como "héroes". Estos tipos principales se encuentran también en el

---

en relación con el término "ángel". Filón argumentó que solo hay una forma de alma/espíritu aparte de Dios. Sin embargo, dentro de esta única forma identificó tres categorías de almas (de hombre, de ángel y de *daimon*). Cada una de estas tres categorías tenía los buenos y los malos elementos. El *Libro de los vigilantes* identifica tres espíritus distintos aparte de Dios (de ángel, de hombre y de gigante). Hay ángeles buenos y malos, hombres buenos y malos, pero solo hay gigantes malos. Filón identificó los ángeles buenos y malos: Los que permanecieron en la región celestial al servicio de Dios, eran buenos, mientras que los que descendieron para tomar carne humana, eran malos. Tal vez se pueda considerar este descenso como una transformación a la forma humana para tomar parte en los placeres humanos. Del mismo modo, en el *Libro de los vigilantes* se observa a los vigilantes transformándose en forma humana para participar en el placer humano de la fornicación con mujeres". Archie T. Wright, *The Origin of Evil Spirits. The Reception of Genesis 6.1-4 in Early Jewish Literature* (Tübingen: Mohr Siebeck, 2005), 217-218. Por lo tanto, se podría concluir que, de las ideas de Filón, probablemente germinó la semilla de la ecuación que iguala "ángeles caídos" con "demonios", adoptada por los cristianos en los primeros siglos.

[18] Craig S. Keener, *A Commentary on the Gospel of Matthew* (Grand Rapids: Eerdmans, 1999), 283.

platonismo medio.¹⁹ La palabra griega "demonio", por consiguiente, fue motivo de distintas interpretaciones. El término que se utiliza para "demonio" que se deriva etimológicamente del antiguo δαίμων helénico, es un concepto interesante y desafiante que apunta hacia una ambivalencia original que resiste de manera eficiente todos los intentos de corregir y delimitar el significado de los demonios y lo demoníaco.²⁰

El uso del término "demonio" en las traducciones griegas del Antiguo Testamento

En las traducciones griegas del AT se puede observar que diferentes términos hebreos fueron traducidos como δαίμων o δαιμόνιον, aunque el significado original de la palabra en sí era otro.²¹ Por ejemplo, en el contexto del Antiguo Cercano Oriente, la palabra *šēdîm* se relaciona con el *šîdu* asirio que se refería a las grandes estatuas de toros que estaban frente a los palacios asirios, a veces representadas con alas, o a un "espíritu guardián asirio"

---

¹⁹ "Los estoicos tempranos hasta Posidonio sostenían los siguientes principios: 1) Los demonios son entidades psíquicas; 2) El alma humana racional encarnada puede ser descrita como un demonio interno; 3) Los demonios externos en el sentido estricto no son de origen humano, son partes separadas del *pneuma* etéreo divino; y 4) Existen también *almas sin cuerpo de origen humano* que sobreviven después de la muerte y *deambulan por el aire* como entidades psíquicas. Estrictamente hablando se llaman *héroes*, pero quizá se pueda asumir que fueron considerados como una sub-especie del género de los demonios. Probablemente estos 'héroes' podían realizar las mismas funciones que los demonios en el sentido apropiado". Algra, "Stoics on Souls and Demons", 76, 93-94.

²⁰ Frans Ilkka Mäyrä, *Demonic texts and textual demons: the demonic tradition, the self, and popular fiction* (Tampere: Tampere University Press, 1999), 23.

²¹ "El término δαιμόνιον, ου, τό (δαίμων) puede referirse a un ser divino (dios) de un pueblo pagano en oposición al de Israel (Dt 32:17). También, a un ser o *espíritu sobrenatural que causa todo tipo de enfermedades al hombre* (Tob 3:8); δ. ἔχω: Tener un demonio, estar endemoniado". Amador Ángel García Santos, "δαιμόνιον", *Diccionario del Griego Bíblico: Setenta y Nuevo Testamento* (Estella: Verbo Divino, 2011), 187.

(*shêdu*).²² Sin embargo, el término שד se convirtió en la designación común de un espíritu maligno, y por eso, en Dt 32:17, *šēdîm* (שדים) fue traducido en LXX como δαιμόνια.²³ En Sal 106:37 hay una declaración similar. Más tarde, שדים llegó a ser el término común más utilizado por los rabinos para referirse a aquellos seres que fueron considerados como del mismo tipo de seres que los cristianos posteriormente llamaron "demonios".²⁴

El término שד originalmente significaba simplemente "señor" y servía como un título divino como *baʿal* (בעל) o *ʾăḏōnāy* (אדני). Podía también referirse a los dioses antiguos de Canaán o de otros pueblos de los alrededores, que eran considerados como poderes buenos o dioses. Los traductores judíos, por lo tanto, usaron la palabra δαιμόνια para describir a los dioses de otros pueblos. Esta tendencia se observa en Is 65:11, donde los términos גד y מני (que son las deidades "suerte" y "destino") fueron traducidos por los antiguos judíos como δαίμων o δαιμόνιον y τύχη.²⁵

Otro caso es el término hebreo *śāʿîr* (שעיר) traducido como δαιμόνιον en Is 13:21 y 34:14, que se traduce como "cabra", "dios-cabra" o "demonio-cabra", en referencia a algún tipo de ser con forma de cabra que habitaba en lugares desiertos junto con "Lilit" y seres malvados sobre-humanos con apariencia de animales salvajes.²⁶ Ese híbrido cabra-humano era común en la mitología del

---

²² Martin, "When Did Angels Become Demons?", 658.
²³ Harrison, "Demon, Demoniac, Demonology", 2:95.
²⁴ Martin, "When Did Angels Become Demons?", 658.
²⁵ Ibíd., 658-659.
²⁶ "En acadio, *Lilitu*, era un demonio femenino correspondiente al hebreo לילית; LXX: ὀνοκένταυρος; y Vulg.: *Lamia*. En Mesopotamia, Lilitu apareció como un fantasma femenino seductor que tentaba a los hombres en sueños sexuales, pero por el siglo VIII a. C. tendió a confundirse con una bruja roba-niños, *Lamashtu*. En el pensamiento popular se creía que Lilit era un demonio nocturno que merodeaba entre las ruinas y acechaba en lugares desolados, pero a pesar de esto el nombre no se deriva de la raíz 'noche', como se imaginó una vez. En cambio, proviene del término sumerio *lil* que significa 'viento'". Harrison, "Demon, Demoniac, Demonology", 2:96. Entre las inscripciones cananitas y arameas, el amuleto de *Arslan Tash* menciona un conjuro para el demonio femenino volador (la mujer demonio que vuela en la obscuridad), *Lili(t)*. James B. Pritchard, ed., "Canaanite and Aramaic Inscriptions", en *Ancient Near Eastern Texts Relating to the Old Testament*,

Antiguo Cercano Oriente y podía estar vinculado a la mitología griega. Así, podría ser una referencia a un ser simplemente demoníaco, pero "no divino", o un "dios menor" que recibía culto.[27] Dale Basil Martin observa que:

> Isaías 13:21-22 encuentra un paralelo en 34:14, donde los términos griegos utilizados en la traducción no son claros (καὶ συναντήσουσιν δαιμόνια ὀνοκενταύροις καὶ βοήσουσιν ἕτερος πρὸς τὸν ἕτερον ἐκεῖ· ἀναπαύσονται ὀνοκένταυροι εὗρον γὰρ αὐτοῖς ἀνάπαυσιν). Inicialmente parece claro que el término ציים fue traducido como δαιμόνια y que איים como ὀνοκένταυροι (sin duda aquí significa algún tipo de híbrido de asno-humano, como un "asno-centauro"), pero luego este último vuelve a aparecer donde se esperaría algún otro término para traducir שעיר y לילית.[28]

Es posible que el traductor pretendiera que el término δαίμων cubriera estos diferentes seres, incluidos tal vez "dioses", y que los "asnos-centauros" se clasificaran dentro del grupo salvaje. Los antiguos referentes de ציים y איים son inciertos y es difícil identificar su género. Otro caso del uso de δαιμόνιον se encuentra en Sal 91:6 (LXX 90:6), donde el término דבר se traduce como "peste" (que ande en la oscuridad) y קטב como "plaga" (que en pleno día destruya). La expresión מקטב ישוד צהרים se traduce δαιμονίου μεσημβρινοῦ. Aquí, junto con σύμπτωμα, δαιμόνιον se refiere claramente a una enfermedad aterradora y repentina. En este caso, tanto דבר como קטב también podrían haber sido tomados como seres divinos en el contexto del Antiguo Cercano Oriente. Los traductores judíos sabían que los griegos consideraban a los demonios como

---

traductor del capítulo Franz Rosenthal (Princeton: New Jersey Princeton University Press, 1969), 658. "Según algunas creencias rabínicas, Lilit fue 'la primera mujer de Adán', quien lo abandonó y fue convertida en un demonio". Juan Straubinger, *Biblia comentada* (Tlalnepantla, México D.F.: Sr. Fr. Felipe de Jesús Cueto, 1969), 910. Para conocer más detalles acerca del mito de Lilit como la antecesora de Eva, véase Robert Graves y Raphael Patai, *Hebrew Myths: The Book of Genesis* (New York: Greenwich, 1983), 12, 67-69.

[27] Martin, "When Did Angels Become Demons?", 659-660.
[28] Ibíd., 660.

deidades que podían causar enfermedades, o también ser la enfermedad misma.²⁹

En Sal 96:5 el término hebreo אלילים fue traducido en LXX 95:5 como δαιμόνια. El significado de este término en sus contextos originales es difícil de establecer. Algunos lo tradujeron como "nada" o "ídolos" y otros consideraron que su significado literal era "harapos". Incluso si la palabra hebrea no se refería originalmente a un dios, los traductores regularmente lo tomaron para referirse a los ídolos, cosas hechas con manos y que recibieron adoración.³⁰

Al tratar de entender estos términos es importante no considerar las interpretaciones tardías como necesariamente

---

²⁹ Ibíd., 660, 661. "El *rol de los demonios* podría notarse en los desastres y miserias del destino humano. A través de catástrofes naturales sacudieron el cosmos. Sobre todo, enfermaban o enloquecían a los hombres". H. Bietenhard, "Demon", *Dictionary of New Testament Theology*, 1:450.

³⁰ Martin, "When Did Angels Become Demons?", 661-662. "El término 'idolatría' se refiere esencialmente a la adoración de demonios, siendo que el ídolo mismo no es nada. 'Sacrificaron a los demonios (שד) y no a Dios' (Dt 32:17); 'nunca más sacrificarán sus sacrificios a los demonios' (שעיר, Lv 17:7)". Vila y Escuain, "Demonio", *Nuevo Diccionario Bíblico*, 247. Aquí se nota otra alusión a los dioses paganos donde se ha tomado el término שעירם como "peludos" o "sátiros". El significado literal de la palabra es "cabras" pero en el pensamiento pagano se consideraba que los "peludos" eran dioses o demonios que habitaban en los lugares desiertos (Is 13:21, 34:14). El culto a las cabras, acompañado de rituales depravados, prevalecía en el Bajo Egipto y era familiar para los israelitas de tiempos anteriores al Éxodo. Esta fue una forma de adoración de la cual Yahvé deseaba apartar a su pueblo (Jos 24:14; Ez 20:7); de ahí la prohibición de las ofrendas a los sátiros. Harrison, "Demon, Demoniac, Demonology", *The Zondervan Pictorial Encyclopedia*, 2:96. "Así, 'sátiros' (שעירם) se les llamaba supersticiosamente a los demonios que, según la creencia popular, tenían cuerpo de macho cabrío y estaban confinados en el desierto". Straubinger, *Biblia comentada*, 887. "Para שעירם, LXX Lv 17:7 lee δαιμόνια y Vulg.: *daemonibus*. En una referencia similar, LXX 2 Cr 11:15 lee μάταια o 'cosas vanas'". Harrison, "Demon, Demoniac, Demonology", 2:96. "En 2 Cr 11:15, Jeroboam cayó tan bajo que ordenó a los sacerdotes para los demonios (שעיר) y para los becerros que había hecho. En Sal 106:37, algunos 'sacrificaron sus hijos y sus hijas a los demonios (שד)'". Vila y Escuain, "Demonio", *Nuevo Diccionario Bíblico*, 247. El deseo de los demonios de recibir adoración de los seres humanos ha inflamado los celos y la ira de Dios. Algún día serán castigados o destruidos por lo que le han hecho al mundo y a la humanidad. Ronn Johnson, *Supernatural: A Study Guide* (Bellingham: Lexham, 2015, versión Kindle).

idénticas en significado al uso original, ya que los antiguos judíos usaron δαιμόνιον para traducir términos hebreos diferentes. En el contexto original del Antiguo Cercano Oriente, estos términos se referían a distintos tipos de seres: Dioses hombre-cabra, seres sobrehumanos que eran o causaban enfermedades, y cualidades o bienes abstractos que podían ser vistos como dioses (como la suerte o el destino). Lo que tenían en común, sin embargo, es que todos fueron considerados como los dioses falsos que otras naciones adoraban.[31]

Los traductores del AT, por lo tanto, conocían estas suposiciones populares acerca de los δαίμονες. Tomaron diferentes términos hebreos que originalmente se referían a diferentes tipos de seres y los interpretaron en términos de formas griegas comunes de imaginar δαίμονες. Agruparon varias palabras y seres del Antiguo Cercano Oriente en una categoría "de talla única" de δαίμονες griegos, y asociaron tanto las palabras como los seres en un concepto negativo más consistente que el que los griegos pudieron haber asumido.[32]

Sin embargo, existe una excepción, un ser representado por una categoría particular en carácter en el AT que *nunca se traduce como* δαίμων. Este es el término מלאך, "ángel", cuyos roles principales eran de intermediación entre Dios y los seres humanos. Cada uno de sus roles (servir como mensajeros, gobernar naciones, castigar o matar, guiar en cuestiones morales, etc.), si se hubieran cumplido en un contexto griego, podrían haber sido realizados por

---

[31] Harrison, "Demon, Demoniac, Demonology", 2:96. "A veces, un cambio en la interpretación puede ser visto en la traducción griega de estos pasajes y Dt 32:8-9 es un ejemplo muy significativo porque de acuerdo a LXX, Dios dividió las naciones 'según el número de los hijos de Dios', en lugar de 'según el número de los hijos de Israel'. Esto refleja una comprensión de los ángeles y los demonios como 'guardianes de las naciones' (Dn 10:13, 20, 12:1)". Daniel S. Steffen, "King Solomon, Son of David, and Bartimaeus" (Tesis de Seminario de Nuevo Testamento II, Seminario Teológico de Dallas, 1992), 15. "El término δαίμων, ονος, ὁ, se refiere a un *espíritu del mal*, a un demonio". García Santos, "δαίμων", *Diccionario del Griego Bíblico*, 187. "En LXX ocurre solo en Is 65:11. No había una diferencia significativa entre 'dioses' y 'demonios'. Los últimos vivían en el aire cerca de la tierra". Bietenhard, "Demon", *Dictionary of New Testament Theology*, 1:450-451.

[32] Martin, "When Did Angels Become Demons?", 664.

δαίμονες, pero los traductores judíos nunca utilizaron δαίμονες o δαιμόνια para identificar a estos seres o para este rol de intermediación. Más bien, el término llegó a referir a un tipo particular de habitantes del cosmos. Los traductores judíos evitaron la traducción obvia de מלאך por δαίμων, es decir, la ecuación "ángel = δαίμων".[33] Martin señala que:

> Los traductores judíos (si se pudiera hablar de manera simplista al caracterizar lo que fue realmente una larga y compleja historia de traducción) utilizaron dos nuevos términos técnicos para los judíos de habla griega: La palabra griega ἄγγελος, para los seres que habían conocido previamente con el término מלאך, y el término griego δαίμων, para los seres que habían conocido previamente con varias palabras diferentes. Pero no confundieron las dos clases de seres en uno. Los ángeles se convirtieron en una especie de trabajadores cósmicos, y los δαίμονες, en otra.[34]

En resumen, se han empleado variedad de géneros y ángulos metodológicos para abordar la fascinante figura del término "demonio" en la antigüedad. Por lo tanto, la demonología en general, así como las nociones de Satanás y lo demoníaco en el cristianismo primitivo, han sido tratadas desde distintas perspectivas históricas, lingüísticas, filosóficas y antropológicas.[35] A continuación se expone acerca de las fuentes para conocer el trasfondo de la demonología judía anterior al cristianismo.

---

[33] Ibíd., 664-665.
[34] Ibíd., 666.
[35] Nienke Vos, "Demons and the Devil in Ancient and Medieval Christianity: Introduction, Summary, Reflection", en *Demons and the Devil in Ancient and Medieval Christianity*, eds. Nienke Vos y Willemien Otten (Leiden: Brill, 2011), 7-8.

La demonología en la literatura del Segundo Templo

Este segmento trata principalmente de *1 Henoc*, que se escribió en el periodo pre-cristiano, durante el siglo III a. C.[36] o II a. C.[37] Este libro despertó mucho interés y ha sido considerado como *una de las fuentes más importantes para conocer el mundo teológico judío inmediatamente anterior al cristianismo*. El mismo contiene el mito de los "vigilantes caídos", el más citado en la literatura judeo-cristiana del período entre el siglo II a. C. y el III d. C. El mito tiene su base en Gn 6:1-4 y explica aspectos relativos a la demonología.[38] Rick Strelan afirma que:

> El mito de los "vigilantes caídos" sin duda fue relevante en la literatura pseudo-epígrafa. Apareció primero y más elaboradamente en el llamado "*Libro de los vigilantes*" de *1 Henoc*, especialmente en caps. 6-16. También se menciona en *Jubileos*, *2* y *3 Henoc*, *2 Baruc*, frecuentemente en *Testamentos de los Doce Patriarcas*, y en otras fuentes. Además, Filón escribió sobre el mito en *De gigantibus*, y Josefo manifestó un conocimiento de él (*Ant.* 1.3.1). Se conoció en Qumrán, donde se han encontrado varias versiones arameas de 1 Henoc 1-36. En el NT canónico, el mito se menciona en 2 P 2:4 y Jud 6, y hay un conocimiento implícito

---

[36] Rick Strelan, "The Fallen Watchers and the Disciples in Mark", *Journal for the Study of the Pseudepigrapha* 20 (1999): 73.

[37] Elizabeth Clare Prophet, *Fallen Angels and the Origins of Evil* (Gardiner: Summit University Press, 2000), 17.

[38] F. Corriente y A. Piñero, "Libro 1 de Henoc", en *Apócrifos del Antiguo Testamento*, ed. Alejandro Diez Macho (Madrid: Cristiandad, 1984), 4:13. *Vigilantes:* "constantes servidores", epíteto usual de algunos ángeles caídos identificados como los "hijos de Dios" de Gn 6. *Arcángeles:* "los que no duermen". Ibíd., 40; Mª. Ángeles Navarro, "Libro Hebreo de Henoc", en *Apócrifos del Antiguo Testamento,* ed. Alejandro Diez Macho (Madrid: Cristiandad, 1984), 4:262. "Generalmente, pero no por unanimidad, se acuerda que Gn 6:1-4 proporciona la primera versión de esta leyenda". Strelan, "The Fallen Watchers", 73.

acerca de él en 1 P 3:19-20. Los escritores cristianos posteriores lo conocían y lo asumieron también sus lectores.[39]

En los textos de Qumrán se encuentra el término "vigilantes" como "hijos del cielo", en referencia a los ángeles caídos que se mezclaron con las mujeres. "Sucedió que cuando se multiplicaron los hijos de los hombres, les nacieron hijas hermosas. Los vigilantes, hijos del cielo, las vieron, las desearon y dijeron: 'Vayamos y escojamos mujeres de entre las hijas de los hombres y engendremos hijos'".[40] Los "ángeles caídos" se unieron a ellas y engendraron a los "gigantes" (Gn 6:1-4; 1 Henoc 6:1-6).[41]

---

[39] Strelan, "The Fallen Watchers", 73-74. "En *Jubileos* (un escrito de finales del siglo II a.C.) se encuentra el mito de los vigilantes (5:1-4). Existe una concepción similar de la demonología presente en *1 Henoc*". César Carbullanca, "Demonología en la apocalíptica y Qumrán", *Teología y Vida* 57/2 (2016): 222. Tocante a las preguntas generadas como: ¿Quiénes son los hijos de Dios? ¿Son divinos o humanos?, Heiser expone que la mayoría de los intérpretes consideran a "los hijos de Dios" que tuvieron relaciones sexuales con "las hijas de los hombres", como simples mortales, hombres de la línea de Set o algún otro linaje real. La estrategia habitual para defender la legitimidad de un enfoque no sobrenatural de Gn 6:1-4 difiere con la tradición cristiana interpretativa del pasaje, pues deja por un lado el amplio consenso anterior a favor de una lectura sobrenatural. Muchos lectores no saben que este consenso anterior existió alguna vez. La concepción de los hijos de Dios como "humanos", aunque dominante en la actualidad, fue una vez una posición minoritaria. La lectura sobrenatural prevaleció por razones simples. Los escritores bíblicos que aludieron al pasaje consideraron que los hijos de Dios eran seres sobrenaturales, y los escritores judíos del Segundo Templo siguieron abrumadoramente esa trayectoria. Todos los puntos de vista no sobrenaturales de Gn 6:1-4 ignoran el contexto mesopotámico original del pasaje y, en consecuencia, pierden la polémica pretendida por el escritor bíblico. En otras palabras, sacan el pasaje de su contexto original e imponen un contexto que le da al pasaje un significado diferente. Heiser, *Demons* (versión Kindle).

[40] 4QHenoc^b (4Q202 [4QEn^b]) Col. II (=1 Henoc 5,9-6,4+6,7-8,1). Florentino García Martínez, *Textos de Qumrán*, 4a. ed. (Madrid: Trotta, 1993), 298.

[41] Corriente y Piñero, "Libro 1 de Henoc", 4:14. Los escritores judíos del Segundo Templo consideraban que los ángeles eran inmortales. De hecho, parte de la justificación en *1 Henoc* para condenar la decisión de ciertos seres angelicales de convivir con las mujeres fue debido a que eran seres inmortales que no tenían necesidad de perpetuar su especie (1 Henoc 15:6-7). Michael S. Heiser,

El pecado de los vigilantes en estos escritos es identificado como sus alianzas con las hijas de los hombres. Estas alianzas fueron consideradas como πορνεία y la descendencia de tales uniones se describe en términos de πορνεία. Así que "los hijos de los vigilantes" fueron "los hijos de la fornicación" (οἱ υἱοὶ τῆς πορνείας) de 1 Henoc 10:9.[42] Los "ángeles caídos" están condenados al fuego eterno (10:6). De acuerdo a cap. 19, mientras esperan el juicio final, sus roles han sido "tentar" a los hombres, instándolos a sacrificar a los "demonios".[43]

En cuanto al género "demonios" (δαιμόνιον), *1 Henoc* no describe su origen, solo refiere que reciben adoración de los hombres (1 Henoc 19:1, 99:7). Los "gigantes" hijos de los ángeles caídos y las mujeres, fueron destruidos, pero sus espíritus salieron de sus cuerpos hasta el juicio final (1 Henoc 16:1). En los *Textos de Qumrán* se menciona que:

> Yahvé les juzgó según todos sus caminos. Y temblaron todas las fundaciones de la tierra, y las aguas desbordaron de los abismos; todas las compuertas de los cielos se abrieron y los abismos desbordaron de aguas poderosas; y las compuertas de los cielos derramaron la lluvia. Y los destruyó con el diluvio. Por eso desapareció todo lo que había en la tierra seca, y murieron los hombres, las bestias y todos los pájaros, todos los alados. Y *los gigantes no escaparon*.[44]

Estos espíritus (en parte angélicos, en parte humanos) son identificados como "malos espíritus" (πνεῦμα πονηρός, 1 Henoc 15:9, 99:7) y en este caso, su origen es ampliamente explicado:

> Los gigantes nacidos de los ángeles y de la carne serán llamados "malos espíritus" en la tierra y sobre ella tendrán su morada. Malos espíritus han salido de su carne, porque de

---

Angels What the Bible Really Says about God's Heavenly Host (Bellingham: Lexham, 2018, versión Kindle).

[42] Strelan, "The Fallen Watchers", 77.
[43] Corriente y Piñero, "Libro 1 de Henoc", 4:27, 56.
[44] 4QExhortación basada en el Diluvio (4Q370) Col. I. García Martínez, *Textos de Qumrán*, 277.

arriba fueron creados y de santos vigilantes fue su primer fundamento. Malos espíritus serán sobre la tierra, y malos espíritus serán llamados. Los espíritus de los cielos en el cielo tendrán su morada, y los espíritus de la tierra, que han nacido sobre la tierra, en ella tendrán su morada. Los espíritus de los gigantes... oprimen, corrompen, atacan, pelean, destrozan la tierra y traen pesar... Y se alzan esos espíritus contra los hijos de los hombres y sobre las mujeres, pues de ellos salieron.[45]

Como se puede observar hasta aquí, en *1 Henoc* existen tres tipos de seres maléficos diferentes cada uno con roles específicos: *Los ángeles caídos* incitan a los hombres a adorar a los demonios; *los demonios* reciben la adoración de los hombres; y *los malos espíritus* corrompen la tierra y oprimen a la humanidad provocando pesar. Según la descripción de este escrito: Ángeles caídos ≠ malos espíritus ≠ demonios.

Otros seres espirituales malvados (de origen celestial) que se presentan son los "satanes" (1 Henoc 40:7), distintos de los ángeles caídos, malos espíritus y demonios ya mencionados. Los vigilantes se sometieron a los satanes y por eso cayeron. Son "ángeles castigadores al servicio de Satán" (53:3, 56:1, 62:11, 63:1). Su rol es ejecutar el castigo del *Señor de los espíritus* sobre los condenados, presentar ante Él los pecados de los hombres y seducir a los moradores de la tierra (54:6).[46] Estos pasajes muestran que en este escrito existen al menos cuatro géneros espirituales en la jerarquía de los espíritus de maldad: Ángeles caídos ≠ malos espíritus ≠ demonios ≠ satanes.

Según *Jubileos*, los "espíritus bastardos" provocaron a los descendientes de Noé y a los hombres, engañándolos, haciéndolos enloquecer, hiriéndolos con enfermedades, dolores y toda clase de plagas. A petición de Noé, Dios envió a Rafael para acabar con estos espíritus. El arcángel los encadenó en el lugar de condenación y solo "una décima parte" de ellos quedó para "vagar por la tierra" al servicio de Satanás (delante del príncipe Mastema, Jubileos 10:7-

---

[45] Corriente y Piñero, "Libro 1 de Henoc", 4:52-53.
[46] Ibíd., 27, 68, 77.

11). Su rol es oprimir a los hombres malvados, ejerciendo autoridad sobre ellos, causándoles dolencias y destrucción.[47]

Estos libros explican el origen celeste de los "vigilantes" o "ángeles caídos" y su rol principal: Incitar a los hombres a adorar a los demonios. Los "malos espíritus", que son mezcla de ángeles caídos y mujeres, son de origen terrenal (1 Henoc 15:10) y su rol principal es oprimir a la humanidad. Lo que no está definido es el origen de los "demonios", cuyo rol es recibir la adoración de los hombres. Con el propósito de presentar una hipótesis basada en estos escritos sobre el origen de los demonios (no definido hasta el momento), se puede añadir lo siguiente.

1 Henoc menciona también las "distintas razas" que surgieron de la unión de los ángeles caídos y mujeres. En cap. 7, previo al cataclismo, estas mujeres les alumbraron tres razas, cada una correspondiente a cada generación. La primera fue la de los *gigantes*, que engendraron a los *nefalim*, y estos a los *eliud*.[48] Jubileos 7:21-22, 25 también describe que antes del diluvio existían sobre la tierra diferentes razas (titanes, gigantes, jayanes y hombres). Eran descomunales y se devoraban unos a otros: un *titán* mataba a un *gigante*, un gigante mataba a un *jayán*, un jayán mataba al *género humano*, y los hombres se mataban unos a otros. El Señor destruyó todo de la faz de la tierra a causa de la sangre derramada en ella y por todas estas malas acciones.[49]

---

[47] "Mastema" es el "príncipe de los espíritus" (Jubileos 10:7). El traductor indica que el nombre significa "príncipe de enemistad", "maldad" u "odio". Está relacionado con Satanás y aparece aquí personificando al jefe de los ángeles caídos. F. Corriente y A. Piñero, "Libro de los Jubileos", en *Apócrifos del Antiguo Testamento,* ed. Alejandro Diez Macho (Madrid: Cristiandad, 1983), 2:108, 190. Según esto, una diferencia entre "los ángeles caídos" y "los espíritus inmundos" (llamados aquí "bastardos") podría ser que los primeros tienen un cuerpo con el cual se mezclaron con las mujeres y engendraron hijos, pero los segundos no poseen un cuerpo propio (que antes tuvieron) y por ello están "vagando" en busca de un cuerpo "transitorio", ya sea humano o animal. Dios permitió que un porcentaje de estos espíritus quedara activo para cumplir algunos propósitos correctivos en los hombres malvados o desobedientes a Él.

[48] Corriente y Piñero, "Libro 1 de Henoc", 4:44.

[49] Corriente y Piñero, "Libro de los Jubileos", 2:101.

Oráculos Sibilinos menciona la creación de cinco *razas humanas pre-diluvianas* y de dos *post-diluvianas*. Relata que la raza humana se multiplicaba y crecía sin límites, alcanzando honra, pues fue "la primera raza". Luego Dios creó otra raza variopinta, "los despiertos voraces", de gran talla. Después apareció "una tercera raza", pero las matanzas acabaron con ella. Llegó otra raza posterior, hombres de "la cuarta generación", sin temor de Dios. Y vino "otra raza" de hombres altivos. Solo un hombre entre todos ellos fue "justo y verdadero": Noé, lleno de fe y dedicado a las buenas obras. E. Suárez de la Torre explica que "la secuencia de estas razas fue: 1) La 'raza feliz' que degenera; 2) Los 'egrégoros' o 'despiertos voraces'; 3) Los 'gigantes'; 4) Los 'más jóvenes' (sin denominación); y 5) La de Noé".[50]

Después del diluvio, surgió "la sexta raza", la mejor desde el primer hombre creado. Su nombre era "Celestial", porque Dios le otorgó toda clase de cuidados. Vino otra raza de hombres fuertes, los "titanes", que desafiaron a Dios, pero Él contuvo las aguas, porque prometió que no volvería a provocar una inundación sobre los hombres.[51] El pasaje de Jubileos 11:4-5 describe la nueva corrupción del género humano provocada por Mastema después del diluvio.[52] En relación a las razas post-diluvianas de gigantes, Maximiliano García Cordero señala que en el AT se habla de los *amorreos* como una de las poblaciones pre-israelitas de Canaán.[53]

Los textos bíblicos tardíos hablan de los *amorreos* como una raza de talla descomunal (Nm 13:32; Dt 3:11; Am 2:9) y

---

[50] La frase "alcanzando honra" indica que estos se convirtieron en *daimones* para la humanidad. Emilio Suárez de la Torre, "Oráculos Sibilinos", en *Apócrifos del Antiguo Testamento,* ed. Alejandro Diez Macho (Madrid: Cristiandad, 1982), 3:269-271. En estos pasajes de *Oráculos Sibilinos* hay una posible relación con el pensamiento de Hesíodo (véase pág. 29 n. 14) en su concepción de las distintas "razas humanas" y en su noción sobre los espíritus malignos que "vagan por la tierra" (Jubileos 10:7-11).

[51] Ibíd., 3:275-277.

[52] Corriente y Piñero, "Libro de los Jubileos", 2:110.

[53] "En los textos cuneiformes de los siglos XIV-XIII a.C., el término *Amurru* se refiere a un estado al norte de Canaán, y en los textos egipcios se le llama *Amor*". García Cordero, *Biblia y Legado,* 104.

se les considera como los sucesores de una raza de gigantes que habitaban en Transjordania: Los *emîm* de Moab (Dt 2:10-11); los *zumzummîm* de Ammón (Dt 2:20-21); los *refaîm* de Galaad (Dt 3:11, 13; Jos 12:4, 13:12). Los *refaîm* aparecen también en las cercanías de Jerusalén (Jos 15:8, 18:16; 2 S 5:18). En Cisjordania aparecen los *anaqîm* que residían en la zona de Hebrón (Nm 13:22, 28, 33; Jos 14:12, 15:13; Jue 1:20), en la montaña de Judá (Jos 11:21) y en toda Cisjordania (Dt 9:2).[54]

Flavio Josefo, referente a lo sucedido después de la muerte de Josué, dadas las dificultades que los israelitas afrontaron en la toma de las ciudades, menciona que trasladaron su campamento a Hebrón, que tomaron matando a todos los habitantes. "Y quedaba todavía la raza de los 'gigantes' que tenían un cuerpo tan grande y un rostro tan distinto de los demás hombres que intimidaban con su presencia e impresionaban con su voz. Los huesos de esos hombres eran diferentes a los de todos los demás hombres".[55]

Para cerrar el tema acerca de "otras creaciones humanas", se cita también el *Libro de los secretos de Henoc*, que menciona la existencia de criaturas que Dios formó "milenios antes de la creación de Adán" (15:1). Este libro indica que el demonio reinó sobre la tierra por tercera vez; la primera fue antes del paraíso (22:41).[56] Entonces, surgen las preguntas: ¿Sobre quiénes reinó el demonio en ese entonces? ¿Existieron otras "razas humanas" antes del paraíso? Para dar respuesta a estas preguntas habría que entrar en

---

[54] Ibíd.

[55] Flavio Josefo, *Antigüedades de los Judíos*, ed. Alfonso Ropero (Barcelona: CLIE, 2013), 197. Estas razas de gigantes quizá no correspondan a las descritas como la mezcla entre los "vigilantes" (ángeles caídos) y mujeres, puesto que estos gigantes ya habían sido exterminados en el diluvio. Las razas post-diluvianas de gigantes se mencionan en Números, Deuteronomio, Josué, Jueces y Amós. Sin embargo, su origen es incierto, y se podría encontrar una posible explicación en los pasajes de *Jubileos* ya citados, en una poligénesis posterior al diluvio, o en aspectos genéticos, pero no se observa evidencia bíblica.

[56] A. de Santos Otero, "Libro de los secretos de Henoc", en *Apócrifos del Antiguo Testamento,* ed. Alejandro Diez Macho (Madrid: Cristiandad, 1984), 4:189, 198.

el campo de la especulación, ya que no existen evidencias concretas en los libros canónicos.

Por ejemplo, nótese en Gn 2:15 que antes de que Yahvé hiciera a la mujer, puso al hombre en el huerto para que "lo labrara" (לעבדה) y "lo guardase" (ולשמרה). El segundo verbo se puede traducir como "vigilar" o "proteger", tal como se muestra a continuación.

v.	Verbo conjugado	Raíz	Significado
15	לעבדה	עבד	"lo labrara" (trabajar, cultivar)
15	ולשמרה	שמר	"lo guardase" (vigilar, proteger)

Tabla 2.1: El verbo "vigilar" en Gn 2:15

Surge entonces la pregunta: ¿Vigilar o proteger de quién? De este pasaje se podría inferir que pudieron haber existido otros hombres que invadieran el Jardín del Edén, por lo que Adán debía no solo cultivarlo, sino vigilarlo y protegerlo. Este podría ser un argumento interesante a favor de que en el principio hubo una o más *poligénesis*.[57] Si el verbo aquí se refiere a proteger el Jardín, habría que considerar la posibilidad de que implique protegerlo de los animales. Sin embargo, los animales en ese momento no estaban bajo los efectos o consecuencias del pecado de Adán, por lo que no había necesidad de que él se protegiera o se cuidara de ellos. Si fuera el caso de proteger el Jardín de otros hombres que pudieran invadirlo, podría ser que estos "seres humanos" ya estaban corrompidos por el pecado antes de la caída de Adán y Eva. Esto, aunque es especulativo, concuerda con la idea de "las distintas razas" en el supuesto que existieron varias creaciones humanas,

---

[57] "'La poligénesis' reflejada en textos del Antiguo Cercano Oriente, es la visión de que los seres humanos fueron creados en masa (un procedimiento lógico, ya que los dioses deseaban el trabajo esclavo)". John H. Walton, *Genesis 1 as Ancient Cosmology* (Winona Lake: Eisenbrauns, 2011), 195. "En contraste, Gn 2 se desarrolla a través de una perspectiva de 'monogénesis' (en lugar del enfoque colectivo), que se refiere a la idea de que toda la humanidad surgió de una sola pareja, aparentemente el punto de vista general en el AT (1 Cr 1-9)". John H. Walton, "The Lost World of Adam & Eve", *Christianity Today* (marzo de 2015), https://www.christianitytoday.com/ct/2015/march/lost-world-of-adam-and-eve.html (12 de marzo de 2019).

según la literatura ya expuesta (*1 Henoc, Jubileos* y *Oráculos Sibilinos*) y en algunos escritos rabínicos posteriores.[58]

---

[58] "Según las cosmogonías del Antiguo Cercano Oriente, en el principio hubo numerosas creaciones de Dios, las cuales Él destruyó una tras otra, porque le fallaron, no dejando registro de ellas". Graves y Patai, *Hebrew Myths*, 45. Aunque algunos escritos rabínicos de interpretación midrash son posteriores al siglo I, se menciona aquí, por ejemplo, el *Bereshith Rabbah*, que es uno de los más antiguos *Midrashim*. "Su redacción data no mucho después del cierre del Talmud de Jerusalén. En su forma, difiere de otros *Rabbah Midrashim*, pues es un comentario continuo sobre Génesis, versículo por versículo, y a menudo incluso palabra por palabra, mientras que los otros *Midrashim* son homiléticos y no comentan cada versículo separadamente. *Genesis Rabbah* es una obra palestina, y fue recopilado y editado en el siglo VI d. C., pero incluso entonces el texto aún estaba sujeto a adiciones". H. Freedman, *Genesis*, en *Midrash Rabbah*, H. Freedman y Maurice Simon, eds. (London: The Soncino Press, 1961), 1: xxvii, xxix. R. Judah b. R. Simon comentó sobre Gn 1:5: "'*Que haya tarde*' no está escrito aquí, sino '*y fue la tarde*'. Por lo tanto, se sabe que un orden del tiempo existía antes de esto. Se interpreta que 'y la tarde' (ya) era ahora". R. Abbahu dijo: "Esto prueba que el Santo, bendito sea Él, siguió creando mundos y los destruyó hasta que Él creó este y declaró: '*Este me agrada, pero aquellos no me agradaron*'". R. Phinehas dijo: "Esta es la razón de R. Abbahu: '*Y Dios vio todo lo que había hecho, y he aquí que era muy bueno*' (Gn 1:31). '*Este me agrada, pero aquellos no me agradaron*'". Ibíd., 1:23-24. La creencia en los demonios se generalizó en el judaísmo rabínico. "Los escribas también estaban inmersos en la creencia en los demonios. Se creía que los demonios eran el resultado de las relaciones sexuales entre los ángeles caídos y las mujeres. Este pensamiento se atribuye a veces a Gn 6:1-4". Bietenhard, "Demon", *Dictionary of New Testament Theology*, 1:451. "Esto se explica con el supuesto de que los ángeles caídos son sexuados y capaces de reproducirse, además de realizar otras funciones físicas". Louis Matthews Sweet, "Demon, Demoniac, Demonology", *The International Standard Bible Encyclopaedia*, Morris O. Evans, ed. (Grand Rapids: Eerdmans, 1939), 2:828. "Algunos pensaron que los demonios fueron el resultado de relaciones sexuales entre Adán y Eva y espíritus femeninos o masculinos, o que parte de la generación de la Torre de Babel se convirtió en demonios. Otros especularon que fueron una creación especial de Dios. Su rol principal era llevar a los hombres al pecado y matar. Causaban algunas enfermedades, pero no todas. Dios y los santos ángeles, la palabra de Dios, la observancia de los mandamientos, los amuletos y los exorcismos, protegían a los hombres contra ellos. Tradicionalmente, Salomón era el controlador de los demonios. Entre la gente, incluyendo algunos rabinos, había mucha magia. En contraste con los conceptos del mundo griego, en el judaísmo rabínico los demonios no eran intermediarios entre Dios y el hombre. Los rabinos hicieron una clara distinción entre ángeles y demonios". Bietenhard, "Demon", *Dictionary of New Testament Theology*, 1:451. Para más información sobre las

La idea de que los juicios ya ejecutados por Dios a los habitantes de la tierra pueden ser el origen de los demonios, encuentra eco en estos escritos si se considera que los demonios podrían ser los espíritus provenientes de alguna de esas creaciones exterminadas por Dios. La demonología en la literatura del Segundo Templo, entonces, proporciona al lector del NT elementos para conocer la cosmovisión de los escritores y de su audiencia en relación a cómo los espíritus malignos (en términos generales) fueron concebidos en ese período y en la época de Jesús.[59]

La práctica de exorcismos en el siglo I

Esta práctica se vio influenciada por la tradición popular de la sabiduría que Salomón recibió de Dios y sus habilidades como exorcista. Dios le otorgó un conocimiento infalible de los seres para conocer la trama del mundo y las propiedades de los elementos, la naturaleza de los animales y la furia de las fieras, el poder de los espíritus y las reflexiones de los hombres, las variedades de las plantas y las virtudes de las raíces. Salomón conocía lo oculto o lo manifiesto, porque la sabiduría, artífice del cosmos, se lo enseñó (Sab 7:17, 20-22).[60] El *Targum Sheni a Esther* indica que Salomón gobernaba sobre las plantas, los animales, los reinos (cf. 1 R 4:33-34) y los malos espíritus:

> Todos los reyes le temían, naciones y hablantes de todos los idiomas, a una le obedecían a él. Los demonios y espíritus malignos, las bestias feroces y *otros tipos de espíritus* fueron entregados bajo su control. David fue sucedido por Salomón, a quien el Santo, bendito sea Él, designó para gobernar sobre los animales salvajes y sobre las aves de los cielos y sobre toda la

---

tradiciones de la demonología judía, véase Alfred Edersheim, *Comentario Bíblico Histórico* (Barcelona: CLIE, 2009), 1311-1318, 1323-1326.

[59] Nicholas A. Elder, "Of Porcine and Polluted Spirits: Reading the Gerasene Demoniac (Mark 5:1-20) with the Book of Watchers (1 Enoch 1-36)", *The Catholic Biblical Quarterly* 78 (2016): 434.

[60] L. Alonso Schökel y Juan Mateos, *La Biblia* (Madrid: Cristiandad, 1975), 1087.

tierra, así también sobre los demonios y sobre los espíritus y sobre las lechuzas. Hablaba el idioma de cada uno de ellos y entendían su discurso, porque así está escrito, y habló sobre los árboles.[61]

En la introducción a *Testamento de Salomón*, A. Piñero, comentando el contenido teológico de este libro pseudo-epígrafo, explica que:

> Su demonología intenta ser precisa en cuanto a nombres de diablos y sus roles, y presupone en el lector conocimientos sobre el origen y las clases de demonios y sobre una jerarquía que no aparece explícita en el escrito. El redactor supone que algunos diablos son ángeles caídos (Testamento de Salomón 6:2) o bien (siguiendo la tradición de Gn 6; 1 Henoc 6-7, 15-16; Jubileos 7:21, 10:5) hijos de la unión entre ángeles y mujeres (Testamento de Salomón 5:3), y que pueden ser entes puramente espirituales o "espíritus corpóreos", es decir, embutidos en diversos cuerpos (4:4). Aparte de las enfermedades físicas, los diablos son causantes de la perversión moral de los humanos (p. ej., los siete demonios femeninos de cap. 8), quienes erróneamente los veneran como dioses (5:5).[62]

La tabla siguiente resume las características de los "diablos" descritos en este escrito y sus distintos roles. Algunos de ellos adoptan formas, otros reciben adoración, son corpóreos, son seres híbridos, son mezcla de ángeles con mujeres, pueden preñar a las

---

[61] *The Targum Sheni to Esther, Ch. 1*, en *The Two Targums of Esther*, trad. B. Grossfeld (Collegeville: The Liturgital, 1991), 105-108. "'Lechuza' traduce una forma de *Lilit* que se encuentra en Is 34:14 y es un término común para los 'demonios nocturnos'". Steffen, "King Solomon, Son of David, and Bartimaeus", 33 n. 52.

[62] A. Piñero, "Testamento de Salomón", en *Apócrifos del Antiguo Testamento*, ed. Alejandro Diez Macho (Madrid: Cristiandad, 1987), 5:330, 337-346, 352-361, 372-374, 379-380, 384. "Diablos" es el término que utiliza Piñero en referencia a todos los géneros descritos.

mujeres, son espíritus de gigantes, fueron humanos, controlan reyes, etc.

Nombre	Género	Características	Roles	¿Quién lo domina?
Ornías	Demonio nocturno	Adopta tres formas: Jovencita o mujer, ser alado y león.	Sube al firmamento y vuela en medio de los astros, se metamorfosea en hombre y recibe adoración.	Uriel
Beelzebú	Ángel caído del primer cielo	Es el príncipe de los demonios.	Aniquila a los reyes, combate en favor de los tiranos, provoca el pecado en los siervos de Dios, herejías, envidias, peleas, asesinatos y guerras; motiva la adoración a los demonios y las uniones contra natura.	Dios, Emanuel, Eloí
Onoscelis	Demonio femenino lúbrico	Es un espíritu corporeizado, una mujer con piernas de mula.	Vive en cuevas, acantilados y precipicios; ahoga a los hombres o los induce contra natura o se une sexualmente con ellos porque piensan que es mujer.	Dios
Asmodeo	Demonio	Es hijo de un ángel y una mujer.	Hace el mal a todos los hombres, es adversario de los recién casados, desfigura la hermosura de las vírgenes y desvía sus corazones, excita a la locura por las mujeres, provoca calamidades, muerte y teme al agua.	Rafael
Bastón	Demonio	Tiene aspecto de perro, fue un hombre.	Provoca estupidez y domina las mentes.	Briateo
Portador de leones	Demonio	Es como un león a cargo de una legión.	Se introduce en todos los lugares.	El Paciente, Emanuel
Dragón tricéfalo	Demonio	Es un espíritu triple.	Hace sordo-mudos a los niños.	Ángel del Gran Consejo
Obizut	Demonio	Es un espíritu que adopta muchos nombres y formas con aspecto de mujer.	Ahoga a los fetos, provoca ceguera, perdición de las mentes y dolores de cuerpo.	Rafael
Enépsigos	Espíritu	Tiene forma de mujer con tres cabezas, se transforma en diosa y en otras formas.	Mora en la luna y puede profetizar.	Ratanael

Cinópego	Espíritu marino	Tiene forma de caballo y pez, se transforma en olas y en ser humano.	Se lanza sobre los barcos deseoso de cuerpos. Es dirigido por Beelzebú (señor de los espíritus aéreos, terrestres y subterráneos).	Iamet
Ardiente	Titán	Es el espíritu de un gigante muerto.	Se asemeja a los difuntos de los cementerios y produce locura.	El Salvador
Efippaz	Ángel caído (?)	Es un espíritu que sopla (viento tormentoso).	Acaba con los reyes.	Dios
Abezetibú	Descendiente del Arcángel Amelut; ángel caído (?)	Vivió en el primer cielo, vive en el Mar Rojo, es volante y monóptero.	Asecha contra todo hálito de vida, fue el adversario de Moisés y el que endurecía el corazón del Faraón.	Dios de Israel, Dios Sabaot
Samael	Ángel caído (?)	Es el jefe de toda la tropa de demonios.	Conduce a los hombres hasta el extremo de la tierra en un soplo.	Dios (?)

Tabla 2.2: Algunos "diablos" descritos en *Testamento de Salomón*

Martin califica el libro como una de las demonologías antiguas más completas, escrito entre el siglo I y III d. C., y explica que:

> Beelzebú es "el príncipe de los demonios", fue un ángel del cielo (Testamento de Salomón 6:1-2) y provoca que los demonios sean adorados como dioses. Sin embargo, él mismo no es un demonio. Asmodeo es hijo de un ángel y una mujer (5:3). Otro espíritu o demonio (se le llama de ambas maneras) fue el alma de un gigante que murió en la era de los gigantes (17:1). Aparecen muchos tipos diferentes de demonios, en distintas formas y con diferentes roles. El libro refleja la influencia de los materiales de *1 Henoc* y *Jubileos* donde tampoco los ángeles y los demonios son de la misma especie. "Los espíritus malos" y "demonios" se refieren al mismo tipo de seres, y algunos de estos resultaron de la unión de los ángeles caídos y las mujeres. Pero, aunque es un documento "cristianizado", no iguala "ángeles" con "demonios".[63]

---

[63] Martin, "When did angels become demons?", 670-671.

Acerca de la figura de Salomón y su trascendencia en los primeros exorcismos cristianos, Piñero indica que (según Orígenes) su fama se extendió rápidamente también entre los cristianos. El exorcismo era una práctica propia de los judíos, pero "ocurrió también a veces entre los cristianos que utilizaban los escritos de Salomón con los que solían conjurar a los demonios".[64] Flavio Josefo también escribió sobre la sabiduría de Salomón y su implicación en los exorcismos del siglo I.[65] Muchos judíos creían que los dioses de los paganos eran demonios. Incluso los paganos reconocieron la necesidad del exorcismo, común en el judaísmo primitivo. Al igual que en el paganismo, la prueba visible de la partida de un demonio con algún acto externo, a menudo seguía siendo importante. Varias formas de exorcismo continuaron entre algunos grupos judíos tradicionales, como en muchas culturas.[66] César Carbullanca afirma que:

> Los diferentes cambios producidos en la demonología judía muestran la convicción de un estado de injusticia en el que ha caído la humanidad a raíz del pecado de los ángeles, reiterado en diversos escritos de esa época. Posterior al *Libro de los vigilantes,* la demonología fue contextualizada de

---

[64] "Así lo afirmó Orígenes en su *Comentario a Mateo* 110 (Tratado 33: PG 13, col. 1757 C)". Piñero, "Testamento de Salomón", 5:326.

[65] Josefo escribió: "Este método curativo se sigue usando mucho entre nosotros hasta el día de hoy. He visto a un hombre de mi propia patria, llamado Eleazar, liberando endemoniados. La forma de curar era la siguiente. Acercaba a las fosas nasales del endemoniado un anillo que tenía en el sello una raíz de una de las clases mencionadas por Salomón. Lo hacía aspirar y le sacaba el demonio por la nariz. El hombre caía inmediatamente al suelo y Eleazar adjuraba al demonio que no volviera nunca más, siempre mencionando a Salomón y recitando el encantamiento que había compuesto. Cuando el exorcista quería convencer y demostrar a los espectadores que poseía ese poder, ponía a cierta distancia una copa o una palangana llena de agua y ordenaba al demonio, cuando salía del interior del hombre, que la derramara, haciendo saber de este modo al público que había abandonado al hombre". Josefo, *Antigüedades de los Judíos*, 309-310.

[66] "La demonología judeo-cristiana era similar a *la demonología persa*. En un nivel popular, los griegos estuvieron cerca del período paleo-cristiano en el que se aplicó el término δαιμόνιον cada vez más a menudo a las muchas fuerzas de los dioses y la naturaleza". Keener, *A Commentary on the Gospel of Matthew*, 283.

acuerdo al uso de pasajes de las Escrituras integrando la historia de la salvación de Israel, donde la promesa de la eliminación del mal será un bien escatológico para el final de los tiempos.[67]

La reflexión demonológica judía durante el periodo del Segundo Templo pretendió responder a la cuestión del mal en la historia, por lo que quiso enmarcar la creencia en los demonios dentro de la historia de la salvación que conllevó la superación del mal con el anuncio final del triunfo de Dios sobre los espíritus malignos.[68]

Conclusiones

En el Antiguo Cercano Oriente no se asignaba un carácter moral a ningún ser sobrenatural subordinado a una deidad. En el AT, aunque estos seres podían actuar como "demonios", no se identifican así porque era Yahvé quien les asignaba misiones específicas. En estos casos, los traductores griegos fueron cuidadosos en utilizar πνεῦμα, y se abstuvieron de usar δαιμόνια. Las enfermedades mencionadas en el AT se relacionaron también con la actividad de Yahvé. Los δαίμονες en los escritos griegos se concebían como seres divinos, poderes impersonales, agentes del destino o dioses. Podían ser buenos, malos o neutrales. De hecho, sus roles podían ser combinados de varias maneras.

La palabra griega "demonio", por lo tanto, fue motivo de distintas interpretaciones. En las traducciones griegas del AT, los traductores judíos usaron los términos griegos δαίμων, δαιμόνιον o δαιμόνια. Este último para referirse a deidades que podían causar enfermedades, pero regularmente a los ídolos de otros pueblos. Para entender estos términos, es importante no considerar las

---

[67] Carbullanca, "Demonología en la apocalíptica y Qumrán", 233.
[68] Ibíd. Para ampliar el tema "demonología judía temprana", véase Apéndice A, "Demons and Exorcisms in Antiquity", del libro Craig S. Keener, *Miracles: The Credibility of the New Testament Acccounts* (Grand Rapids: Baker, 2011), 2:769-787.

interpretaciones tardías como necesariamente idénticas en significado al uso original hebreo, puesto que los antiguos judíos los usaron para traducir términos hebreos diferentes.

En relación a la literatura del Segundo Templo presentada, *1 Henoc* es una de las fuentes más importantes para conocer el pensamiento teológico judío inmediatamente anterior al cristianismo, complementado por los otros escritos mencionados. Estos ayudan al lector del NT a conocer la cosmovisión de los escritores y de su audiencia con respecto al rol de los demonios y otros espíritus malignos como fueron concebidos en la época de Jesús. Es importante notar que el origen de los demonios, las diferentes clases de espíritus malignos, sus géneros o especies (γένος, Mr 9:29), así como las jerarquías angélicas, son temas de interés para conocer el trasfondo literario del NT.[69] Sin embargo, *estos asuntos no se explican con detalle en los evangelios.*

---

[69] En *Testamento de Adán*, la doctrina más desarrollada es la angelología. El escrito describe nueve órdenes jerárquicas y especifica sus roles. Los *ángeles*, el orden más bajo, actúan como guardianes de los hombres. Los *arcángeles*, el siguiente orden, dirigen los asuntos del resto de la creación. Los *gobernadores* controlan el clima. Las *autoridades* tienen jurisdicción sobre los astros. Las *potencias* evitan que los demonios destruyan al mundo y a los hombres. Los *dominios* tienen autoridad sobre reinos políticos y otorgan la victoria o la derrota en las batallas. Los ángeles llamados *tronos* son los guardianes que se mantienen delante del trono del Señor. Los *querubines* son los guardianes de los sellos divinos. Los *serafines* sirven la cámara interna del Señor. S. E. Robinson, "Testament of Adam" en *The Old Testament Pseudepigrapha*, ed. James H. Charlesworth (Garden City: Doubleday, 1983), 1:991. Otras descripciones de ángeles se encuentran en Libro Hebreo de Henoc 18 y Jubileos 2:2.

Capítulo 3

ASUNTOS INTRODUCTORIOS DEL EVANGELIO DE MARCOS

En este capítulo se presenta un estudio bibliográfico relativo al contexto del evangelio de Marcos. Luego se hace mención de los temas relevantes según el criterio de algunos autores y una descripción de los que son de interés principal para esta investigación: La identidad de Jesús, el secreto mesiánico, los milagros y los exorcismos. Posteriormente se expone sobre el pasaje inicial del prólogo (Mr 1:2-3), que contiene una yuxtaposición de Éx 23:20 y Mal 3:1 en la cita de Is 40:3 (la cual Marcos atribuye al profeta Isaías). A continuación, se hace referencia (también dentro del prólogo) al pasaje del bautismo de Jesús que confirma su identidad como el Hijo de Dios (Mr 1:10-11). Por último, se cierra el capítulo con las conclusiones del mismo.

El contexto

El contexto del evangelio refleja la situación histórica de Israel en el siglo I. El nacionalismo religioso del pueblo estaba en alza contra el poder opresor de Roma y el pueblo se dividió en diversos sub-grupos que tenían la conciencia de estar viviendo un momento de "crisis" político-religiosa. Cada uno de estos sub-grupos enfocó la realidad de manera distinta.[1]

Los zelotes buscaban la implantación del Reino de Dios, que ellos identificaban con el triunfo político de Israel sobre los romanos, con la violencia física y la lucha armada contra Roma. Los escribas y los fariseos, por su lado, instaban al pueblo que cumpliera la Ley a la perfección, con la esperanza de que se estableciera el

---

[1] Juan Antonio Estrada, "Las relaciones Jesús-pueblo-discípulos en el evangelio de Marcos", *Estudios Eclesiásticos* 54 (1979): 152.

Reino de Dios. Los esenios, a su vez, se separaron del pueblo para constituir una secta, un remanente de "puros" que reclamaban ser el verdadero Israel y esperaban el día de Yahvé. El escritor del evangelio, que conocía la evolución de este nacionalismo que llevaría a la guerra del año 70 d. C., se conectó desde el primer momento con este contexto, donde él colocó la actividad de Jesús.[2]

El autor, la audiencia y el propósito

El evangelio de Marcos quizá fue escrito antes del año 69 d.C. (si se acepta que es el primer evangelio escrito), o más tarde hacia el 74-75 d. C. El autor probablemente fue alguien llamado *Marcos*, quien pudo o no haber tenido una conexión especial con Pedro. La identificación de la autoría del evangelio tal vez no fue necesaria porque el escritor probablemente era bien conocido entre una audiencia que pertenecía a su propia comunidad cristiana.[3] Sin embargo, el evangelio no menciona ninguna audiencia específica a la cual se dirige.[4] Se puede suponer que fue originalmente escrito para una comunidad primitiva judeo-cristiana de tipo apocalíptico, una audiencia particular con los conocimientos necesarios para entender las señales, dichos oscuros y uso alusivo de las Escrituras.[5] Por eso, Marcos adoptó un estilo narrativo enigmático.[6]

---

[2] Ibíd., 152-153.

[3] Joel Marcus, *El Evangelio según Marcos (Mc 1-8)* (Salamanca: Sígueme, 2010), 31, 40, 58. Para más detalles sobre la autoría del evangelio de Marcos, véase págs. 31-40. La situación más probable es que Marcos escribió su evangelio a la Iglesia primitiva en Roma en medio del sufrimiento, durante la época de la gran persecución bajo Nerón, a partir del año 64 d.C. Craig. S. Keener, *Comentario del contexto cultural de la Biblia: Nuevo Testamento* (El Paso: Mundo Hispano, 2003), 128-129.

[4] Jean Starobinski, "An Essay in Literary Analysis - Mark 5:1-20", *The Ecumenical Review* 23/4 (1971): 381.

[5] César Carbullanca N., "La ignorancia en el Evangelio de Marcos. Un acercamiento desde la literatura de Qumrán a la teoría de las parábolas", *Theologica Xaveriana* 59/168 (2009): 334. "La referencia repetitiva a espíritus inmundos y demonios en los relatos de Marcos evocan naturalmente el razonamiento apocalíptico de 1 Henoc 15:6-12. La presencia de Satanás en la tierra (Mr 1:13, 4:15), el cumplimiento del tiempo y el acercamiento del Reino de

La mayoría de los destinatarios estaban familiarizados con el AT y podían identificar gran parte de las alusiones; tal vez, en algunos casos, con la ayuda de quien leía o interpretaba el texto. Esto presupone que este evangelio no estaba destinado a la lectura individual, sino que era presentado por lectores o narradores ante un grupo. Es posible, incluso, que haya nacido en un contexto oral.[7] Craig Keener explica que los evangelios fueron transmitidos a través de la "historia oral" a la que él se refiere como "memoria viviente", es decir, que la fuente primaria fue la versión de los testigos oculares vivos o la de quienes los conocieron, dado que en la antigüedad la memoria era un recurso imprescindible y confiable. Esto difiere del concepto "tradición oral", en cuyo caso el contenido de los relatos pasaba a las siguientes generaciones.[8]

Aunque las citas explícitas están casi ausentes en el evangelio, el autor situó toda su historia con la garantía del cumplimiento de las Escrituras y manejó la narración, el vocabulario y las imágenes para sugerirlo.[9] Las premisas detrás de la narrativa se derivaron del AT y tenían sentido solo en ese contexto.[10] El propósito patente del

---

Dios (1:15), el 'atar' a Satanás (3:26-27), el 'comienzo del fin' (13:7-8) y la 'venida del Hijo del Hombre' (8:38, 13:26, 14:62), exhiben la intertextualidad cultural y oral con el discurso apocalíptico que Marcos entrelazó con el discurso profético como base". Vernon K. Robbins, "The Intertexture of Apocalyptic Discourse in the Gospel of Mark", http://www.religion.emory.edu/faculty/robbins/Pdfs/ApocIntertexture.pdf (7 de enero de 2019).

[6] A. B. Caneday, "Mark's Provocative Use of Scripture in Narration 'He Was with the Wild Animals and Angels Ministered to Him'", *Bulletin for Biblical Research* 9 (1999): 20.

[7] Santiago Guijarro Oporto, "'Como está escrito'. Las citas de la escritura en los comienzos de los evangelios", *Salmanticensis* 61 (2014): 102.

[8] Craig Keener, "El Evangelio de Mateo" (módulo de maestría dictado en el Seminario Teológico Centroamericano, Guatemala, 1 de julio de 2019).

[9] Lorenzo Gasparro, "Marco e le scritture L'Antico Testamento e il suo compimento nel Secondo Vangelo", *Asprenas* 63 (2016): 8. "Aunque Marcos tiene menos citas que Mateo, las alusiones al AT son profundas y están muy presentes, y al menos son tan significativas como las citas directas". Kent Brower, "'Who then is this?' Christological Questions in Mark 4:35-5:43", *Evangelical Quarterly* 81/4 (2009): 292.

[10] David E. Garland, "'I Am the Lord Your Healer': Mark 1:21-2:12", *Review and Expositor* 85 (1988): 340.

evangelista, entonces, fue mostrar que había tenido lugar la unión entre lo que se anunció en el AT y lo que se realizaría en adelante.[11]

La narrativa

Se distinguen dos niveles en la narrativa: El de la narración pura, con una función meramente informativa presentando eventos y situaciones, y el nivel del discurso informado derivado del AT o de Jesús mismo (o de aquellos que se encontraron con Él). El hecho de que el narrador se borró a sí mismo como sujeto ayuda a enfocar la atención en Jesús como el que empleó la primera persona. El narrador ni siquiera se asignó el papel de testigo.[12] Sin embargo, tenía un conocimiento completo de la identidad de cada uno de los protagonistas de su historia. Él sabía quién era Jesús, y por lo tanto, pudo distinguir entre aquellos que vieron la verdad (los que creyeron) y los que no.[13]

La técnica narrativa de Marcos imitó el método de Jesús, quien se reveló por medio de *parábolas*, ya sea en sus enseñanzas o acciones. Sobre esa base, el relator esperaba que sus lectores pudieran responder correctamente a la pregunta de Jesús: "Y vosotros, ¿quién decís que soy yo?" (Mr 8:29). El narrador colocó cuidadosamente las citas y alusiones bíblicas dentro de los contextos

---

[11] Starobinski, "An Essay in Literary Analysis - Mark 5:1-20", 380.

[12] Marcos no fue testigo presencial del ministerio de Jesús, sino un cristiano de segunda generación; sin embargo, en su rol de "narrador interno", escribió como si hubiera presenciado toda la acción. Tenía mucha "información interna": Detalles sobre los pensamientos, sentimientos o planes privados de las personas (Mr 1:41; 2:6-8; 5:28; 6:2, 52; 14:4) y detalles sobre los eventos en los que no había discípulos presentes (3:6; 14:1-2; 55-65; 15:1-5; 16-19). El evangelista le proporcionó al lector información especial: Aspectos que los personajes de los relatos desconocían, o que solo descubrirían más tarde, e información adicional que el lector necesitaba (p. ej., algunos rituales judíos, 7:3-4, 19; o para que "el que lea entienda", 13:14). Félix Just, "Introducing the New Testament and the Gospel according to Mark", *Catholic Bible Institute - Diocese of Orange* (7 de septiembre de 2013): 8.

[13] Starobinski, "An Essay in Literary Analysis - Mark 5:1-20", 380.

de su narrativa con la expectativa de que sus lectores reconocerían que Jesús cumplía con las Escrituras porque hacia Él apuntaban.[14]

Los temas principales relacionados con esta investigación

El evangelio de Marcos contiene varios temas principales. Uno de ellos es la identidad de Jesús. Marcos presentó a Jesús compartiendo la identidad única de Dios, en lugar de ser simplemente "el agente de Dios".[15] Y en relación a la identidad de Jesús está también el llamado "secreto mesiánico".[16] La cita inicial (Mr 1:2-3) representa a Jesús cumpliendo "el Nuevo Éxodo" de Is 40-66, un tema también importante en Marcos.[17] La intención del evangelista fue aclarar que Jesús es el Hijo de Dios que vino al mundo y que los milagros que realizó significaron la venida del Reino de Dios con el perdón de los pecados y la expulsión de lo demoníaco.[18] Si Marcos no pretendía que los relatos de milagros y exorcismos probaran que Jesús es el Cristo y el Hijo de Dios, entonces es difícil saber por qué los registró con sumo interés.[19]

Otro tema significativo del evangelio es el discipulado (lo que significa, lo que se necesita y lo que cuesta ser un discípulo, un seguidor de Jesús, incluyendo el fracaso).[20] Asimismo, la autoridad sobrenatural de Jesús y el triunfo asegurado del Reino de Dios;[21]

---

[14] Caneday, "Mark's Provocative Use of Scripture", 21, 23.

[15] Brower, "'Who then is this?'", 305.

[16] Keener, *Comentario del contexto cultural*, 129.

[17] Charles A. Gieschen, "Why Was Jesus with the Wild Beasts (Mark 1:13)?", *Concordia Theological Quarterly* 73 (2009): 78.

[18] Garland, "'I Am the Lord Your Healer'", 340.

[19] Francis Watson, "The Social Function of Mark's Secrecy Theme", *Journal for the Study of the New Testament* 24 (1985): 52.

[20] Bill O'Shea, "The Mind and Message of Mark", 2017, http://evangelisationbrisbane.org.au/assets/uploads/the-mind-message-of-mark.pdf (10 de febrero de 2019); Elizabeth Struthers Malbon, "Fallible Followers: Women and Men in the Gospel of Mark", *Semeia* 28 (1983): 29.

[21] Albert C. Outler, "The Gospel According to St. Mark", *Perkins Journal* (Summer 1980): 7.

esto es, la cristología y la escatología apocalíptica.[22] La lucha escatológica de Jesús contra los demonios se identificó con el arribo del Reino, y el conocimiento de la identidad de Jesús por parte de los demonios (Mr 1:24, 3:11, 5:7) está inserto desde un comienzo del evangelio y responde al pensamiento apocalíptico según el cual la identidad divina del Hijo de Dios fue reconocida en los cielos.[23]

En cambio, en el ámbito terreno, los hombres estaban cegados y no reconocían la verdadera identidad de Jesús ni el misterio del Reino de Dios (Mr 4:11). La lucha escatológica de los justos contra los demonios (que ya pertenecía a la tradición) y el reconocimiento de la identidad del Hijo del Hombre, no son dos temas separados, sino parte esencial de la redacción de Marcos.[24] Esta lucha es el tema principal de esta investigación enfocada en el rol de los demonios, lo cual se trata en el siguiente capítulo, pero antes es conveniente dar un vistazo a los temas principales relacionados, los cuales se desarrollan a continuación.

La identidad de Jesús

La doctrina de un mediador trascendente que revela los misterios divinos a la comunidad de los últimos tiempos, se encuentra en el libro apocalíptico 1 Henoc: "Hubo un varón justo, cuyos ojos fueron abiertos por Dios, que tuvo visiones santas y celestiales... visiones que no son para esta generación, sino para una lejana que ha de venir" (1:2). En este escrito continuaba la perspectiva escatológica al señalar que el nombre del Hijo del Hombre sería revelado en los últimos días (69:26). Estos antecedentes muestran que las ideas mesiánicas en diversas partes de la Palestina del siglo I a.C. consideraban figuras proféticas variadas

---

[22] Francois Viljoen, "Mark, the Gospel of the suffering Son of Man: An encouragement directed to a despondent religious minority in the city of Rome", *In die Skriflig* 36/3 (2002): 465.

[23] César Carbullanca-Núñez y Paulo Augusto De Souza Nogueira, "Cristología del Evangelio de Marcos", *Theologica Xaveriana* 67/184 (2017): 346.

[24] Ibíd.

con funciones escatológicas, como se encuentran asumidas y elaboradas en el evangelio de Marcos.[25]

Los aspectos clave de la identidad de Jesús se dan en pistas que ocurren a lo largo del evangelio: La cita combinada de inicio (Éx 23:20; Mal 3:1; Is 40:3; en Mr 1:2-3); la voz del cielo que lo identifica como el Hijo amado (en términos de Gn 22:2; Sal 2:7; Is 41:8-9, 42:1, 44:2); su primera identificación pública por parte de un espíritu inmundo como "el Santo de Dios" (Mr 1:24); su reconocimiento como el Mesías (8:29), el Hijo del Hombre (8:31, 38); la segunda voz del cielo, esta vez para los tres discípulos: "Este es mi Hijo amado, a él oíd" (9:7); el "Yo soy" ante el sumo sacerdote (14:62); el velo rasgado del Templo (15:38) y la confesión del centurión (15:39). Todas estas y más, son claves literarias importantes de la identidad de Jesús según Marcos.[26] Con todo, hay quienes, como Christopher Burdon, observan cierta ambigüedad en estas asignaciones:

> Ciertamente, los significados reales de "Hijo de Dios", "Mesías" e "Hijo del Hombre", son altamente ambiguos en Marcos. El evangelista se preocupó en contar una historia y activar una respuesta, en lugar de hacer proposiciones teológicas. Sin embargo, la pregunta cristológica, "¿quién es Jesús?" es una insistencia en el texto, y solo un poco menos insistente es la afirmación de su resurrección (Mr 1:27, 4:41, 6:2-3, 8:27-29, 31, 9:31, 10:34, 14:61-63, 16:6).[27]

---

[25] Ibíd., 340-341.

[26] Brower, "'Who then is this?'", 293.

[27] Christopher Burdon, "'To the Other Side': Construction of Evil and Fear of Liberation in Mark 5.1-20", *Journal for the Study of the New Testament* 27/2 (2004): 154. "Los títulos 'Hijo de David' y 'profeta' no fueron los más importantes para Marcos, aunque podrían haber sido así para Jesús y sus contemporáneos (Mr 6:4, 15, 8:28). Fue el título 'Hijo del Hombre' el útil para el desarrollo de la cristología de Marcos. El 'Hijo del Hombre' es un título que se aplica a Jesús en todo el evangelio (catorce veces, desde 2:10 hasta 14:62) y siempre en los labios de Jesús (2:10, 28, 8:31, 38, 9:9, 12, 31, 10:33, 45, 13:26, 14:21, 41, 62)". Thomas R. W. Longstaff, "Crisis and Christology: The Theology of the Gospel of Mark", *Perkins Journal* (1980): 32. Marcos describió a Jesús de diversas maneras: Como el "Santo de Dios" (1:24), el "Hijo de Dios" (3:11, 5:7, 15:39), el "saqueador de los dominios de Satanás" (3:27), el "atormentador de los

Bruce J. Malina y Richard L. Rohrbaugh indican que para determinar el significado del título "Hijo de Dios", es mejor empezar con una observación lingüística adecuada a las culturas semíticas de entonces. Una fórmula como "hijo de X" significaba "tener las cualidades de X". Así, "hijo de hombre" implicaba tener las cualidades de hombre (es decir, ser un humano). Entonces, "Hijo de Dios" significaba "tener las cualidades de Dios", en este caso, ser divino o semejante a Dios. En un contexto monoteísta, es importante observar que "hijo de X" difícilmente significaba "tener la esencia de X".[28] Sin embargo, esto no necesariamente era así, tal como Nelson Morales observa:

> Otra asociación, en especial en el contexto romano, sería el concepto *"divi filius"*. Julio César había sido declarado "dios", y Augusto César asumió el rol de "hijo de Dios", descendiente de él. Tiberio no hizo eso, pero Calígula y Nerón, sí. Por otro lado, en el mundo judío y palestino en general, "hijo de Dios" se entendería como representante real/regio de Dios, es decir, el Rey. De ahí que, en Marcos, Cristo, es decir el Mesías, es sinónimo de "Hijo de Dios".[29]

---

demonios" (5:7), el "Hijo de David" (10:47-48), el que "viene en el nombre del Señor" (11:9) y el que "trae el reino de David" (11:10). Pero Jesús se describió a sí mismo como el "Hijo del Hombre", que perseguía una carrera de sufrimiento, servicio y muerte (8:31, 9:30-32, 10:32-34, 10:35-43) en lugar de una carrera de gloria pública (8:27-30). El Mesías era una figura que sufría (8:27-36). La confesión final de la identidad de Jesús fue hecha por el centurión, quien, observando a Jesús sufriendo en la cruz, dijo: "Verdaderamente este hombre era Hijo de Dios". Charles W. Hedrick, "Miracles in Mark: A Study in Markan Theology and Its Implications for Modern Religious Thought", *Perspectives in Religious* Studies 34 (2007): 306, 310. "Sin embargo, el término 'Hijo del Hombre' en 14:61-62 no niega la connotación gloriosa de 'Hijo de Dios', sino que la refuerza, dado que aquí el Hijo del Hombre no era una figura sufriente, sino triunfal, alguien que venía en las nubes del cielo para juzgar a sus enemigos, de acuerdo con el trasfondo bíblico primario de Dn 7". Marcus, *El Evangelio según Marcos (Mc 1-8)*, 104.

[28] Bruce J. Malina y Richard L. Rohrbaugh, *Los evangelios sinópticos y la cultura mediterránea del siglo I* (Estella: Verbo Divino, 2010), 358.

[29] Nelson Morales, entrevista personal, Guatemala, 19 de agosto de 2019.

La confesión de Pedro en camino a Cesarea de Filipo (Mr 8:27-30) y la confesión en la cruz del centurión (15:33-39) son puntos de inflexión importantes en la narrativa. En ambos momentos los personajes humanos declararon la identidad de Jesús: "Tú eres el Cristo" (σὺ εἶ ὁ χριστός, 8:29); "Verdaderamente este hombre era Hijo de Dios" (ἀληθῶς οὗτος ὁ ἄνθρωπος υἱὸς θεοῦ ἦν, 15:39). Lo que siguió a la declaración de Pedro muestra que él realmente no había entendido lo que había dicho, o al menos, su actuación no estuvo acorde a su confesión. Cuando Jesús anunció que debía sufrir (8:31), Pedro reveló la oposición satánica a la voluntad de Dios, y fue la causa de la fuerte represión de Jesús: "Vete de mi vista, Satanás" (8:33). La oposición humana a Jesús por la influencia de Satanás fue un obstáculo más en el camino del Reino de Dios.[30]

El secreto mesiánico

Marcos retrató a Jesús como buscando proteger su identidad: Silenciaba a los espíritus malignos cuando lo anunciaban (Mr 1:25, 34, 3:12); advertía a quienes curaba que no le dijeran a nadie (1:43-45, 5:43, 7:36, 8:26); trataba de pasar desapercibido (7:24, 9:30); y mandaba a sus discípulos a proteger su anonimato (8:30, 9:9).[31] Este proceder de Jesús se ha acuñado como "el secreto mesiánico". En muchos relatos individuales de la vida de Jesús no se encuentra

---

[30] Frank J. Matera, "The Prologue as the Interpretative Key to Mark's Gospel", *Journal for the Study of the New Testament* 34 (1988): 9. "La descripción 'Cristo' aparece en Mr 8:29 por primera vez en el evangelio". O'Shea, "The Mind and Message of Mark", 2017, http://evangelisationbrisbane.org.au/assets/uploads/the-mind-message-of-mark.pdf (10 de febrero de 2019).

[31] En el evangelio de Marcos, el hecho que los demonios reconocieran la identidad de Jesús está en armonía con la cristología del evangelio como un todo. Se podría pensar que el apóstrofe mesiánico de los demonios y la confesión mesiánica de Pedro (en la mente del narrador) tenía el propósito del mandato al silencio. Pero esto no es correcto en su totalidad, al considerar que en ocasiones tales confesiones se reportaron sin dicho imperativo. Cada confesión de este tipo testificó de Jesús como sus credenciales, y así lo percibió el narrador y su audiencia. Por esta razón, *ambas fueron importantes:* La enunciación de la gran verdad y la prohibición de su enunciación. William Wrede, *The Messianic Secret*, trad. J. C. G. Greig (Cambridge: James Clarke & CO., 1971), 74, 128.

ningún motivo que proporcione una explicación satisfactoria e inteligible para el consciente encubrimiento de sí mismo como se describe en Marcos. Sin embargo, se podría afirmar que el concepto "secreto mesiánico" es una *idea teológica* cuya naturaleza se esclarece solo al preguntarse cómo Marcos pudo percibir el propósito de dicho secreto.[32]

En el contexto cultural de un mundo de bienes limitados, donde se pensaba que cualquier clase de ganancia (incremento de la riqueza, la posición, el honor, etc.) se conseguía a expensas de otros, nunca se podía hacer alardes de avaricia o de grandeza en público sin levantar inmediatamente sospechas. Jesús pertenecía por su nacimiento a un estatus social bajo, el de un artesano rural; de ahí que su pretensión de ser "Hijo de Dios" podría resultar codiciosa en extremo. A la luz de esto se puede interpretar también "el secreto mesiánico". Marcos permitió que sus lectores supieran que tal pretensión ya estaba confirmada desde el prólogo. Pero Jesús se mostraba como una persona honorable al tratar de ocultar tal idea al público. Silenciaba a los demonios, capaces de identificar de inmediato el inesperado estatus de Jesús, dada su alta posición en la jerarquía cósmica.[33]

Las acciones poderosas de Jesús parecían ser parte de la evidencia de su identidad secreta, pero solo de sus seguidores más cercanos que nunca comprendían. Su identidad no se reveló públicamente hasta el final de su carrera. En el juicio ante el Sanedrín, Jesús aceptó el título de "Mesías" (χριστὸς) y el de "Hijo

---

[32] Hedrick, "Miracles in Mark", 306. "El concepto 'secreto mesiánico' fue presentado en 1901 por William Wrede en *Das Messiasgeheimnis in den Evangelien*". Heber F. Peacock, "The Theology of the Gospel of Mark", *Review and Expositor* 55/4 (1958): 396; Wrede, *The Messianic Secret*, 67, 72. Este concepto en sí es muy amplio y este es el libro clásico para su estudio. En respuesta a la pregunta: ¿Por qué Jesús quiso mantener el secreto de su identidad? Keener explica que al hacerse popular la gente lo perseguiría y al atraer multitudes, el gobierno romano se enteraría, por lo cual Jesús no quería que se corriera la voz, para no interferir en el tiempo determinado para ir a la cruz, es decir, que su ejecución fuera prematura. Keener, "El Evangelio de Mateo" (módulo de maestría dictado en el Seminario Teológico Centroamericano, Guatemala, 8 de julio de 2019).

[33] Malina y Rohrbaugh, *Los evangelios sinópticos*, 399.

del Bendito" (υἱὸς τοῦ εὐλογητοῦ, Mr 14:61), y se identificó como "Hijo del Hombre" (υἱὸν τοῦ ἀνθρώπου, 14:62).[34] Es aquí donde Marcos rompió el secreto mesiánico. Irónicamente, aunque Jesús articuló su identidad por primera vez en la narrativa, las autoridades lo rechazaron, y como tal, su identidad permaneció parcialmente oculta.[35]

Si bien el final del evangelio ha recibido una gran cantidad de atención crítica del texto, vale la pena señalar que si se aceptara el final corto (hasta Mr 16:8) como original, el final de la historia aún estaría envuelto en un misterio.[36] En el punto terminal narrativo, el lector no está seguro de si el secreto sobre la resurrección de Jesús se conocerá de alguna manera, o si las mujeres que huyeron del sepulcro difundirán la noticia. Marcos insistió en lo misterioso de la enseñanza de Jesús. El discurso de Jesús resaltó y perpetuó la distinción entre "los que estaban adentro" y "los que estaban afuera". Jesús revelaba "el secreto del Reino de Dios" a los que estaban adentro, pero hablaba en parábolas para evitar que los extraños entendieran su identidad y la naturaleza del Reino.[37]

Los milagros

Para el evangelista, un milagro era un indicador de "poder" (δύναμις). El término aparece diez veces en el evangelio (Mr 5:30, 6:2, 5, 14, 9:1, 39, 12:24, 13:25, 26, 14:62). En la narrativa, los milagros eran escatológicos porque traían a ese presente parte de la

---

[34] Hedrick, "Miracles in Mark", 306.

[35] Greg Steele, "The Theology of Hiddenness in the Gospel of Mark: An Exploration of the Messianic Secret and Corollaries", *Restoration Quarterly* 54/3 (2012): 183.

[36] La tradición y el estilo del manuscrito sugieren que Mr 16:9-20 probablemente haya sido un agregado temprano al evangelio, pero la mayor parte del contenido de estos versículos se encuentra en otras partes de los evangelios. Keener, *Comentario del contexto cultural*, 179. Para conocer más acerca de la discusión sobre el final de Marcos, véase Bruce M. Metzger, *Un comentario textual al Nuevo Testamento Griego* (Stuttgart: Sociedad Bíblica Alemana, 2006), 102-107; T. Boomershine y G. Bartholomew, "La técnica narrativa de Marcos 16:8", *Journal of Biblical Literature* 100 (1981): 213-223.

[37] Steele, "The Theology of Hiddenness in the Gospel of Mark", 183-184.

realidad del Reino final de Dios. Marcos también usó el término "señal" (σημεῖον), pero en otros contextos: La señal buscada por los fariseos con intención hostil (8:11-12), las señales del fin (13:4) y de la gran tribulación (v. 22).[38]

Se observa que excepto los dos últimos milagros, todos los demás están puestos en los ocho primeros capítulos, en los que resalta la relación de Jesús con *el pueblo*. Estos tienen características comunes: 1) Una situación desesperada antes de que Jesús actúe, y de plenitud, después; 2) Un carácter anti-demoníaco, ya que las enfermedades eran causadas por los demonios según la mentalidad oriental (los leprosos, de hecho, eran considerados muertos vivientes); 3) Se exigía fe para los milagros no destinados para la expectación pública o para el propio prestigio de Jesús, sino que eran manifestaciones de la presencia del Reino de Dios; y 4) La tensión entre los mandatos de Jesús al silencio y el asombro ante tales maravillas.[39]

Los dos milagros con otras funciones y que están fuera del esquema anterior son: 1) La sanidad del ciego, hijo de Timeo (Mr 10:46-52), que tiene conexión con "la ceguera" de los discípulos en

---

[38] Dorothy A. Lee, "'Signs and Works': The Miracles in the Gospels of Mark and John", *Colloqutum* 47/1 (2015): 91, 101. El evangelio de Marcos menciona catorce milagros (Mr 1:29-31, 40-45, 2:1-12, 3:1-6, 4:35-41, 5:22-24, 35-43, 25-34, 6:34-44, 45-52, 7:31-37, 8:1-10, 22-26, 10:46-52, 11:12-23). Estrada, "Las relaciones Jesús-pueblo-discípulos", 156. "Marcos contiene más pasajes sobre milagros que Mateo y Lucas. Aproximadamente el 27% (177 de 666 versículos) del evangelio trata sobre milagros (tomando el final corto)". Emmanuel Kwabena Frimpong, "Mark and spirit possession in an African context" (Tesis Ph.D., University of Glasgow, 2006), 3. Nótese que en el final largo que incluye 16:9-20, σημεῖον aparece en vv. 17, 20, en referencia a "las señales" que seguirán a los que creen.

[39] El evangelista utilizó dos términos para referirse a "pueblo" o "multitud": ὄχλος, treinta y ocho veces, y πλῆθος, dos veces (Mr 3:7, 8). Estos son dos términos técnicos profanos desprovistos del significado histórico-salvífico que tiene el término λαός, que es el que usualmente aplica el AT para designar al *pueblo israelita*. Este solo aparece dos veces en el evangelio: En 7:6 (donde Jesús citó Is 29:13) y en 14:2 (mencionado por los adversarios de Jesús). El pueblo fue presentado ya desde los resultados finales: Rechazó a Jesús y perdió su puesto en la historia de salvación. Estrada, "Las relaciones Jesús-pueblo-discípulos", 156-157.

caps. 8-10 y con la entrada triunfal a Jerusalén (11:1-11), donde resonaron los ecos mesiánicos y Jesús no exigió silencio (su identidad, ya revelada a los discípulos, se fue descubriendo al pueblo que se iba a enfrentar por última vez con la posibilidad de reconocerlo); y 2) El milagro de la higuera seca (vv. 12-14, 20-21), que fue más un signo profético que un milagro estrictamente dicho, también fue conclusivo porque Jesús vino al pueblo y no halló los frutos que esperaba, por lo que, como la higuera, permanecería estéril en el tiempo que vendría.[40]

Los milagros de Jesús, además de ser indicadores de su poder, fueron incidentes en su ministerio porque reflejaban y aclaraban la naturaleza de su persona. Se pueden clasificar en dos tipos. Los primeros, en los que el único involucrado era quien los hacía (p. ej., los milagros sobre la naturaleza), dependían solo del poder sobrenatural de quien los ejecutaba, Jesús. Entre estos estaban: Calmar la tormenta (Mr 4:35-41), la alimentación de la multitud (6:32-44, 8:1-10), caminar sobre el mar (6:45-52) y la ya mencionada maldición de la higuera (11:12-14, 20-21). Los segundos eran milagros en los que otras personas también estaban involucradas, como las curaciones y los exorcismos.[41] La efectividad de estos, en algunos casos, dependía de la interacción de dos fuerzas separadas: El poder sobrenatural de Jesús y la fuerza que brotaba de la fe de los peticionarios. Sin esta segunda fuerza, el milagro no se realizaba, según la declaración de Jesús (9:19).[42]

---

[40] Ibíd., 157.

[41] Peacock, "The Theology of the Gospel of Mark", 395. "Hubo connotaciones fuertemente exorcistas al calmar el mar (Mr 4:35-41)". Burdon, "'To the Other Side'", 152. Los exorcismos podían considerarse como milagros, tal como Jesús mismo lo hizo en el relato del hombre que, aunque estaba "echando demonios" (ἐκβάλλοντα δαιμόνια), no pertenecía al grupo cercano de seguidores de Jesús (9:38). Jesús utilizó el término "milagro" (δύναμιν) en referencia a dichos "exorcismos" (v. 39).

[42] Esto ocurrió, p. ej., cuando el padre del niño dudó del poder de Jesús en Mr 9:22b: "pero si puedes hacer algo (ἀλλ' εἴ τι δύνῃ), ten misericordia de nosotros y ayúdanos". Mara Rescio, "Demons and Prayer: Traces of Jesus' Esoteric Teaching from Mark to Clement of Alexandria", *Annali di Storia dell'Esegesi* 31/1 (2014): 67. Ocho de las curaciones describen dolencias físicas específicas: La suegra de Pedro fue curada de una fiebre (1:29-31); un leproso fue curado (vv. 40-45); un paralítico caminó (2:1-12); la mano seca de un hombre fue

Los exorcismos

El evangelio de Marcos contiene cuatro pasajes principales sobre exorcismos de espíritus inmundos/demonios: 1) Un espíritu inmundo (πνεῦμα ἀκάθαρτος) fue expulsado de un hombre en una sinagoga de Cafarnaúm (Mr 1:21-28); 2) Un espíritu inmundo (πνεῦμα ἀκάθαρτος), que resultaron ser varios, fue expulsado de un hombre en las región de Gergesa (5:1-20); 3) Un espíritu inmundo (πνεῦμα ἀκάθαρτον, 7:25) = demonio (δαιμόνιον, 7:26), fue

---

restaurada (3:1-6); una mujer que desde hacía doce años padecía de flujo de sangre fue curada (5:24b-34); un hombre sordo con un impedimento del habla, pudo oír y hablar (7:31-37); un ciego recuperó la vista (8:22-26); y un mendigo ciego, el hijo de Timeo, también (10:46-52). En un incidente no se menciona ninguna enfermedad específica: La hija de un dirigente de la sinagoga, llamado Jairo, fue curada de una enfermedad no definida (5:21-24a, 35-43). Esta última curación aparece en Mt 9:18-19, 23-26 como una niña que revivió. En Lc 8:40-42, 49-55 la enfermedad no se identifica. Hedrick, "Miracles in Mark", 299-300. Abelardo Pérez Ruiz observa que "es patente que el milagro consistió en devolverle la vida. Ante este dominio sobre la muerte, que es lo máximo, ¿qué interés puede tener preguntarse sobre la enfermedad que le causó la muerte? No se trató pues, aquí, de una curación, sino de algo mucho más asombroso. Esto llevaría a clasificar los prodigios de Cristo en estas modalidades: Expulsión de demonios (para dejar claro que ya ha llegado el Reino de Dios), las curaciones, los milagros sobre la naturaleza y *las resurrecciones*". Abelardo Pérez Ruiz, entrevista personal, Guatemala, 13 de abril de 2020. En relación al caso de la mujer que padecía flujo de sangre, en los cuadros patológicos del ciclo femenino de origen hormonal, se distingue entre metrorragia y menorragia (Lv 15:25-28). La hemorragia "fuera del tiempo de su costumbre" equivale a la metrorragia, y el flujo de sangre "en más cantidad que de costumbre" es una menorragia. Luis A. Seggiaro, *La medicina en la Biblia* (Córdoba: Certeza, s.f.), 52. Esto hacía que la mujer fuera impura bajo la Ley, un problema social y religioso además de físico. Tal vez la dolencia comenzó después de su pubertad, y dada la expectativa de vida de unos cuarenta años en la antigüedad, y los doce que había estado enferma, tuvo este problema por lo menos la mitad de su vida adulta. Keener, *Comentario del contexto cultural*, 143. La mujer vivía marginada y aislada, y probablemente nunca se casó o era divorciada. Ibíd., 208. El uso de la saliva en las curaciones es un detalle curioso atestiguado por Marcos en dos historias de milagros diferentes (la curación de un hombre sordo, Mr 7:31-37, y la curación del ciego de Betsaida, 8:22-26). Ambas historias fueron omitidas por los otros dos sinópticos, probablemente para evitar la acusación de magia. Otro caso en el que Jesús hizo uso de la saliva se encuentra en el relato de la curación del hombre ciego de nacimiento (Jn 9:1-41, véase v. 6). Rescio, "Demons and Prayer", 71.

expulsado de la hija de una mujer griega en la región de Siro-fenicia (7:24-30); y 4) Un espíritu mudo (πνεῦμα ἄλαλον, 9:17) = espíritu (πνεῦμα, v. 20) = espíritu inmundo (πνεύματι τῷ ἀκαθάρτῳ, v. 25) = espíritu mudo y sordo (ἄλαλον καὶ κωφὸν πνεῦμα, v. 25), fue expulsado de un joven (vv. 14-29).[43] Nótese aquí que aunque Marcos identificó a estos espíritus con varios términos, utilizó la ecuación "espíritu inmundo = demonio".

Tomando el ejemplo del hombre con el espíritu inmundo en la sinagoga (Mr 1:21-28), los exorcismos en Marcos muestran el siguiente patrón literario: 1) Una declaración de posesión (v. 23); 2) Un diálogo con el espíritu u otra persona (v. 24); 3) El exorcismo (v. 25); 4) Una demostración de la liberación (v. 26); y 5) La reacción de asombro de la multitud (v. 27). La primera explicación presentada en este evangelio de los exorcismos es la propia visión de Marcos: Su concepción de estos como parte de una lucha cósmica entre las fuerzas de la justicia y el mal, cuya resolución se esperaba en aquella época.[44]

El prólogo

El prólogo del evangelio (Mr 1:1-13 o 1:1-15) inicia en 1:1 con el enunciado: "Principio del evangelio ('buena noticia') de Jesús Cristo" (Ἀρχὴ τοῦ εὐαγγελίου Ἰησοῦ Χριστοῦ), "Hijo de Dios" (υἱοῦ θεοῦ).[45] Luego, en vv. 2-3, el evangelista hizo una

---

[43] Hedrick, "Miracles in Mark", 300.
[44] Ibíd., 304, 308.
[45] Algunos autores como Bruce J. Malina y Richard L. Rohrbaugh concluyen el prólogo hasta Mr 1:15. Malina y Rohrbaugh, *Los evangelios sinópticos*, 143. Marcus lo considera de la misma manera y observa dos sub-secciones: La que trata principalmente de Juan el Bautista (vv. 1-8), y la que se enfoca en Jesús (vv. 9-15). Marcus, *El Evangelio según Marcos (Mc 1-8)*, 17, 87, 143, 144, 152. La palabra griega traducida por "evangelio" (εὐαγγελίου), quizá debería ser traducida por "proclamación", porque proclama a Jesús Mesías y cualquier lector mediterráneo se preguntaría inmediatamente por la autoridad que le asistía a Jesús. Esto hizo que se le identificara como "Hijo de Dios", y le concedía un estatus imposible de alcanzar a través de José. Por lo tanto, Marcos aseguró la base de la autoridad de Jesús en el momento mismo en que la cuestión se planteara en la mente del lector. Malina y Rohrbaugh, *Los evangelios*

yuxtaposición de Éx 23:20 y Mal 3:1 en su cita de Is 40:3. Esta combinación en la posición introductoria del evangelio sugiere que estos textos desempeñan un rol importante en sus objetivos literarios y teológicos generales. El conocimiento de los contextos literarios originales de los textos del AT unidos en Mr 1:2-3 ilumina el significado de su uso en Marcos, ya que la cita en sí es un tanto ambigua.[46]

Es el Señor (κύριος) quien habló a través de "Isaías" y anunció el envío de su mensajero que prepararía el camino ("tu camino") de aquel al que se dirigía, pero luego añadió que se trataba del "camino del Señor" (Mr 1:2b-3).[47] De esta manera, desde su mismo

---

sinópticos, 144. "Marcos sabía que el término griego 'Χριστοῦ' se refería al concepto judío de un ungido (משיח) de la línea de David. El término significa 'el ungido', como aparece en 12:35. En casi todos los casos Marcos lo empleó con el artículo definido, 'el Cristo', pero en 1:1 y 9:41 se refiere a 'Cristo' sin el artículo definido, probablemente porque se trata de un caso en genitivo. La mayoría de los manuscritos (incluyendo algunos muy buenos y muy antiguos) añaden 'Hijo de Dios' (υἱοῦ θεοῦ) pero este añadido está ausente del Sinaítico y de otros testimonios textuales". Marcus, *El Evangelio según Marcos (Mc 1-8)*, 148. Véase Metzger, *Un comentario textual*, 62.

[46] John Paul Heil, "Jesus with the Wild Animals in Mark 1:13", *The Catholic Biblical Quarterly* 68 (2006): 67. "Marcos 1:2 hace alusión tanto de Éx 23:20 como de Mal 3:1. La tradición judía aparentemente tenía unidos estos textos, tal vez porque ambos hablan de mensajeros preparatorios que van ante Israel en el contexto de mantener el pacto". Elizabeth E. Shively, *Apocalyptic Imagination in the Gospel of Mark. The Literary and Theological Role of Mark 3:22-30* (Escocia: De Gruyter, 2012), 44-45. "La ambigüedad de la cita se debe a que es una combinación de otras citas vinculadas según un criterio exegético en el que se relacionan pasajes en los que aparecen las mismas palabras o los mismos temas. Este tipo de exégesis común en el judaísmo fue utilizado por los discípulos de Jesús para mostrar que Él era el Mesías. Es pues, una 'exégesis mesiánica'. Lo más probable es que Marcos haya tomado de la tradición la primera parte, que es una combinación de Éx 23:20 y Mal 3:1. La incorporación de la segunda parte, la única que procede realmente de Is 40:3, habría sido obra de Marcos, a quien se deben también muy probablemente otras alusiones a Isaías en Mr 1:1-15". Guijarro Oporto, "'Como está escrito'", 103 n. 23.

[47] Ibíd., 103. Mientras el mensajero en Éx 23:20 fue delante de Israel y el Señor lucharía contra los cananeos para eliminarlos de la región, Malaquías advirtió que su mensajero prepararía el camino del Señor y lucharía contra los infieles entre Israel para eliminarlos de la comunidad del pacto. Shively, *Apocalyptic Imagination*, 45. La cita atribuida a Isaías menciona el envío de un

comienzo, el evangelio de Marcos evoca una extraordinaria intimidad entre Jesús y Dios. Este anuncio directo a Jesús estaba aludiendo de antemano a la voz celeste que solo se escucharía en v. 11. También estaba indicando una estrecha relación sin precedentes entre Jesús y Dios a través de la manera en que las citas del AT establecían un paralelo entre "el camino de Jesús" y "el camino del Señor".[48]

Éxodo 23:20 y Mal 3:1 en la cita de Is 40:3 (Mr 1:2-3)

"El camino" en Éx 23:20 se refiere al evento del "Éxodo" del pueblo de Israel, el camino de salvación a través del cual el mensajero de Dios (ἄγγελος) lo liberaría de la esclavitud en Egipto y lo llevaría a través del desierto hacia la tierra prometida. En Mr 1:2 el evangelista insertó "tu camino", el movimiento de Jesús ilustrado en la narrativa siguiente, según la tradición histórica del "camino" de salvación del pueblo de Israel.[49] En contextos del AT, el pueblo de Israel en su conjunto fue designado como "*hijo* de Dios": Éx

---

mensajero; las Escrituras habían anunciado el regreso de Elías como mensajero. La alusión a Elías en Marcos, implícita en la primera parte de la cita que procedía de Mal 3:1, se refuerza al describir el vestido y la dieta de Juan el Bautista con términos muy similares a los de 2 R 1:8 para describir los del profeta (Mr 1:6). Juan encarnó la figura de Elías y llevó a cabo su misión, pero no como había anunciado Malaquías (es decir, como precursor de la venida definitiva de Dios), sino como precursor de Jesús, que es el Mesías (v. 1), el Señor cuyo camino debía preparar (v. 3). Santiago Guijarro Oporto afirma que "la idea de Elías como precursor del Mesías no se encuentra en el judaísmo; es una idea cristiana que aquí se presupone". Guijarro Oporto, "'Como está escrito'", 104 n. 26.
[48] Marcus, *El Evangelio según Marcos (Mc 1-8)*, 156.
[49] Heil, "Jesus with the Wild Animals in Mark 1:13", 67-68. Marcos tomó las palabras de LXX Éx 23:20 y omitió el superfluo y quizá enfático "yo mismo" (ἐγώ). En Éxodo estas palabras se refieren al ángel que Dios prometió enviar delante de los israelitas en el desierto. Marcos aplicó el término a un enviado humano, Juan el Bautista. El mensajero de Mr 1:2-3 proclamó un mensaje en el desierto y preparó el camino para una persona designada a través de un "tu" ("delante de ti", πρὸ προσώπου σου). Conforme a vv. 4-8, el que proclamó un mensaje en el desierto y colocó los cimientos para el ministerio de Jesús fue Juan el Bautista. Marcus, *El Evangelio según Marcos (Mc 1-8)*, 149.

4:22; Dt 1:31, 8:5; Jer 38:9 (LXX: πρωτότοκος), 38:20 (LXX: υἱός); Os 11:1 (LXX: τέκνον); Mal 3:17; Sab 18:13. El camino de Jesús como el Hijo de Dios representa el camino de Israel como hijo de Dios en el evento del Éxodo.[50]

El contexto del desierto implícito en la cita de Éx 23:20 en Mr 1:2 se hace explícito en la cita de Is 40:3 en Mr 1:3: "Voz de uno gritando en el desierto: 'Preparad el camino del Señor, haced derechos sus caminos'". La voz "anónima" que grita en el desierto manda con urgencia al pueblo de Israel, hijo de Dios, a prepararse para un "Nuevo Éxodo", un "nuevo camino" de salvación por el cual Dios mismo guiará a su pueblo desde el exilio en Babilonia a través del desierto y de regreso a su tierra natal. Esta voz anunciadora establece así el escenario para la narrativa de Marcos y muestra el camino de Dios en un Nuevo Éxodo. La salvación escatológica (v. 3) se llevará a cabo por medio de Jesús Cristo, el representante o encarnación del pueblo de Israel como hijo de Dios.[51] Obsérvese los términos "mensajero" y "camino" en la tabla siguiente:

Éxodo 23:20	Malaquías 3:1	Marcos 1:2
He aquí, envío un *mensajero* delante de ti, para protegerte (LXX: φυλάσσω; TM: לשמרך) en el *camino* y para traerte a la tierra que te he preparado.	He aquí, yo envío mi *mensajero* y él preparará (LXX: ἐπιβλέπω; TM: פנה) el *camino* delante de mí, y de repente vendrá hacia su Templo el Señor que buscáis y el mensajero del pacto, a quien vosotros deseáis. He aquí viene, dice el Señor todopoderoso.	Tal como ha sido escrito en Isaías el profeta: Mira, yo envío a mi *mensajero* ante ti, el cual preparará (κατασκευάζω) tu *camino*.[52]

Tabla 3.1: Términos "mensajero" y "camino" en Éx 23:20, Mal 3:1 y Mr 1:2

---

[50] Heil, "Jesus with the Wild Animals in Mark 1:13", 68.

[51] Guijarro Oporto, "'Como está escrito'", 107.

[52] "ἐν τῷ Ἠσαΐᾳ τῷ προφήτῃ {A}. La cita en Mr 1:2-3 es un compuesto cuya primera parte corresponde a Mal 3:1 y la segunda parte a Is 40:3. Por lo tanto, resulta fácil ver por qué los copistas habrían alterado la frase 'en Isaías el profeta' (lectura que se encuentra en los testigos más antiguos y representativos de los textos Alejandrinos y Occidentales) para cambiarla por la fórmula introductoria más incluyente 'en los profetas'". Metzger, *Un comentario textual*, 62.

Malaquías abordó una crisis de infidelidad del pueblo de Israel. Había reprendido a los sacerdotes corruptos por sus ofrendas contaminadas (Mal 1:6-2:9) y al pueblo por su falta de fidelidad al pacto (2:10-16). Esta situación ya había cansado a Dios (θεός, v. 17a). El contexto de 3:1 contiene temas similares a los de Is 40:3. Así como Isaías hizo un llamado para preparar el camino del Señor, Malaquías anunció en nombre del Señor que el mensajero (ἄγγελος) aparecería para "preparar el camino delante de Él" (Mal 3:1) a quien luego se identificaría como Elías (LXX v. 22). El Señor vendría de repente al Templo para realizar un juicio de purificación simbolizado con la purificación del oro y la plata (vv. 2-5).[53] Elizabeth E. Shively explica que:

> El Señor eliminaría las impurezas de la comunidad del pacto, es decir, quitaría o traería al arrepentimiento a los levitas que habían cometido pecados de culto (Mal 3:3) y a quienes habían cometido pecados sociales y económicos contra otros (v. 5). Cuando los ofensores fueran eliminados o purificados, la comunidad reconstituida se reuniría una vez más en el Templo y ofrecería al Señor la adoración apropiada (vv. 3d-4). El objetivo del juicio del Señor era reconstituir a Israel como una comunidad de verdaderos adoradores. En otras palabras, su objetivo era formar una nueva comunidad que hiciera la voluntad del Señor.[54]

---

[53] Shively, *Apocalyptic Imagination*, 45-46. Los sacerdotes estaban presentando sacrificios impuros (Mal 1:6-14) y habían roto su pacto como sacerdotes levíticos (2:1-13). Al igual que muchos varones israelitas, aparentemente los sacerdotes habían roto el pacto con sus esposas (vv. 14-17). Levítico Rabbah 21:12 relata que "cuando el Espíritu Santo descansó sobre Finees (el sacerdote), su rostro se encendió como antorchas a su alrededor". Esto compagina con Mal 2:7; la exposición del sacerdote de la Ley expresada a través de sus "labios" se compara con "una llama como de antorchas". G. K. Beale, *A New Testament Biblical Theology: The Unfolding of the Old Testament in the New* (Grand Rapids: Baker, 2011), 85, 602 n. 41. Para Marcos, Juan el Bautista era el mismo Elías que regresaba. Marcus, *El Evangelio según Marcos (Mc 1-8)*, 150.

[54] Shively, *Apocalyptic Imagination*, 46.

Si Israel se arrepentía de sus muchos pecados, el Señor lo bendeciría nuevamente en el futuro (Mal 3:5-18). El juicio venía, pero los fieles serían salvados.[55] Entonces, la combinación de textos en Mr 1:2-3 unificó temas de redención y juicio con vistas a la reconstitución de la familia del Señor. Marcos atribuyó la cita al profeta Isaías, cuyo contexto pudo reflejar una costumbre judía de atribuir una cita compuesta a un autor.[56] El contexto literario más amplio de Is 40:3 anuncia las buenas nuevas de salvación para el pueblo del Señor: "Súbete a una montaña alta, tú que anuncias buenas noticias (ὁ εὐαγγελιζόμενος) a Sion; alza tu voz con fuerza, tú que anuncias buenas noticias a Jerusalén" (v. 9, cf. 52:7). Isaías hizo un llamado para preparar un camino para el Señor, el camino de salvación por el cual aparecería con poder (ἰδοὺ κύριος μετὰ ἰσχύος ἔρχεται, 40:10) para reunir al pueblo del Señor después de que fuera dispersado entre las naciones.[57]

Isaías 40-55 proporciona el contexto del anuncio de estas "buenas noticias". El profeta describió que el Señor entregaría a Israel al cautiverio en Babilonia para que fuera despojado sin que nadie lo pudiera rescatar (42:22), como resultado de su negativa a

---

[55] Beale, *A New Testament Biblical Theology*, 85.

[56] Shively, *Apocalyptic Imagination*, 47. "En la expresión 'en Isaías el profeta' (ἐν τῷ Ἠσαΐᾳ τῷ προφήτῃ) muchos manuscritos, incluyendo el Alejandrino, borraron las referencias a Isaías y colocaron 'en los profetas', pero esto fue un intento por evadir la dificultad de que no todos los profetas citados en Mr 1:2 estaban tomados de Isaías. Solo aquí y en Ro 9:25 un autor del NT citó un pasaje del AT con la preposición ἐν ('en') y el nombre del autor. Dado que ἐν podía significar también 'por medio de', es posible entender esta frase en un doble sentido: 1) 'Como está escrito en el libro de Isaías', o 2) 'Como ha sido escrito a través de la meditación de Isaías'. En este segundo caso, el verdadero sentido de las palabras que siguen sería 'del Señor'. Este último matiz respondería bien al comienzo de la cita, y de ser este el caso, sería el Señor hablando en primera persona a través del profeta. Como sugiere K. Stendhal, es probable que Éx 23:20; Mal 3:1 e Is 40:3 se hubieran vinculado oralmente usando el principio de la *gězērāh shāwāh* (analogía), quizá incluso en círculos asociados a Juan el Bautista. Los textos así vinculados se tradujeron eventualmente al griego, a partir de tradiciones textuales de LXX y de otras tradiciones, y en una forma de la tradición (documento Q) el texto Éx 23:20/Mal 3:1 se separó de Is 40:3". Marcus, *El Evangelio según Marcos (Mc 1-8)*, 149, 152.

[57] Shively, *Apocalyptic Imagination*, 44.

andar en sus caminos y oír su Ley (v. 24). Sin embargo, también Dios (θεός/κύριος) dijo que haría la guerra contra las naciones que oprimieran a su pueblo (41:2, 4-5, 11-16, 42:13-15, 48:14). Él vendría a luchar contra aquellos que batallaban contra Israel y también vendría a rescatar a los cautivos de los poderosos, porque Él es "el Salvador" y "el Redentor" de Israel, el "Poderoso de Jacob" (ἰσχύος Ἰακώβ, 49:24-26).[58]

Isaías comparó el rescate de Israel en Babilonia con el anterior rescate en Egipto, pero lo llamó una "cosa nueva" (Is 43:19) y una "salvación eterna" (45:17) que superaría al primer Éxodo (43:16-21, 45:17, 48:20-21, 51:9-11). El movimiento en caps. 40-55 sería hacia Sion y el Templo (44:28, 46:13). Isaías imaginó al Señor ejecutando un juicio contra Babilonia para redimir a Israel y traerlo a Jerusalén. Allí, el Señor sería entronizado como Rey en el Templo y reuniría una gran comunidad de adoradores. Si Marcos contempló el Evangelio de Jesús Cristo como el cumplimiento del evangelio de Isaías, entonces él vio a Jesús como el Poderoso de Jacob (κύριος μετὰ ἰσχύος ἔρχεται, Is 40:10, 49:26) que venía a hacerle la guerra al oponente del pueblo del Señor, que lo tenía cautivo.[59] Shively concibe el uso de Isaías en Marcos así:

> Marcos re-contextualizó los temas del profeta usando tipos apocalípticos, creando nuevas vinculaciones para los símbolos de Israel y transmitiendo un nuevo significado para la esperanza de su pueblo. El prólogo establece que el oponente ya no era Babilonia, sino Satanás, y la batalla no era simplemente humana, sino cósmica. De hecho, el Señor estaba

---

[58] Ibíd., 44-45.

[59] Ibíd., 45, 47. "El punto central de la insistencia del Señor de que no hay nadie como Él fue demostrar que Él es quien libera. No se observa aquí un tratado filosófico sobre el monoteísmo y su trascendencia. Lo que se tiene es una proclamación evangelística. El Señor se mostró como el poderoso de Jacob, caracterizado como Salvador y Redentor. Como el único Señor, Él es el único Salvador (Is 43:11-12) y si se mostró primero como el Salvador de Israel, toda carne sabrá que Él es su Salvador. No hay ningún sentido para que Él restrinja su liberación solo a Israel (49:6, 66:18-21)". John N. Oswalt, *The Book of Isaiah Chapters 40-66*, The New International Commentary on the Old Testament, R. K. Harrison y Robert L. Hubbard, eds. (Grand Rapids: Eerdmans, 1998), 239, 315.

haciendo algo nuevo. El evangelista contempló a Jesús como el cumplimiento de esta esperanza profética del AT y lo idealizó como el que reunía a los que había rescatado del poder de Satanás en una comunidad de adoración alrededor del Templo.[60]

La adoración del Templo de Jerusalén se corrompió y sus dirigentes rechazaron la autoridad de Jesús (Mr 11:15-19, 27-33). Marcos predijo su destrucción y la formación de una nueva comunidad alrededor de Jesús, quien se convertiría en la piedra angular (12:10-11, 14:58). El evangelista dio un primer vistazo a este trabajo de disolución y reconstitución (3:20-35) revelando sus dimensiones cósmicas: que Jesús saquea la casa de Satanás para rescatar a los cautivos (v. 27) y comienza a establecer una nueva familia compuesta por aquellos que hacen la voluntad de Dios (v. 35).[61]

La intertextualidad de Marcos se entiende al observar cómo él entrelazó los textos para presentar los temas a lo largo de la narrativa de Jesús. Utilizando el AT, el evangelista los despertó en la mente del lector. La cita de Is 40:3 al inicio establece el tema de la salvación para el pueblo de Dios, y la progresión de la narración desarrolla la naturaleza de esa salvación. Marcos presentó a Jesús como el guerrero isaiánico que vence a Satanás, irónicamente (al final del evangelio), sometiéndose a la muerte en una cruz.[62]

La interpretación de las diversas citas y alusiones que entonces formaron parte de un nuevo texto, debía comenzar por la cita inicial (lo primero que el lector encuentra) y al introducirla resalta su importancia en el relato. Lo que debía interpretarse a la luz de Is 40:3 es: "El comienzo de la buena noticia sobre Jesús Mesías". Lo que se narra en ese comienzo debía ser interpretado como una acción del Señor, quien enviaba a "su mensajero", lo cual estaba en

---

[60] Shively, *Apocalyptic Imagination*, 47-48.
[61] Ibíd., 48.
[62] Ibíd., 261-262. "La humanidad no podía salvarse a sí misma, y no había nadie más que lo hiciera, así que el Señor mismo fue quien decidió venir (cf. Is 59:15-20)". Oswalt, *The Book of Isaiah Chapters 40-66*, 52.

continuidad con la historia de la salvación de la que hablaban las Escrituras.⁶³

Juan anuncia a Jesús (Mr 1:4-9)

El Señor habló de un modo específico de "enviar" (ἀποστέλλω) un mensajero (Mr 1:2) que pronto sería identificado como Juan el Bautista (v. 4). Juan bautizaba en el desierto, proclamando un bautismo de conversión para perdón de pecados, y llegaban a él de la región de Judea y de Jerusalén para ser bautizados en el río Jordán, confesando sus pecados (vv. 4-5). Los bautizados representaban de esta manera a Israel como hijo corporativo de Dios, de acuerdo con la cita de Is 40:3 en Mr 1:3: "Preparad el camino del Señor".⁶⁴ Entonces, este bautismo de arrepentimiento los preparó para que el "más poderoso" (que venía después a reemplazar a Juan) los bautizara con el Espíritu Santo (vv. 7-8).⁶⁵ Joel Marcus explica la importancia de este punto:

> El poder de Jesús estaba conectado con su bautismo en el Espíritu, y en el contexto de Mr 1:12-13, 21-28 el Espíritu se identificó ante todo con el poder que capacitó a Jesús y a sus seguidores para *luchar contra los malos espíritus*. Por otra parte, el único caso en el que Marcos utilizó el adjetivo "poderoso" (ἰσχυρός) fue en 3:27, donde Jesús se presentó como "el más poderoso que Satanás", porque expulsó a los demonios. En 9:14-29 Jesús se mostró a sí mismo como superior a sus discípulos debido a su capacidad como exorcista. Esto sugiere que, para Marcos, el poder de Jesús y su bautismo en el Espíritu manifestaron su habilidad para destruir las fuerzas de Satanás y realizar exorcismos y otros

---

⁶³ Guijarro Oporto, "'Como está escrito'", 103-104.
⁶⁴ Marcus, *El Evangelio según Marcos (Mc 1-8)*, 136. "Como otros que habían salido a escuchar a Juan, Jesús dejó a su pueblo y a su familia para viajar a una zona desértica. De este modo se alejó simbólicamente de la red de parentesco en la que había nacido y se había criado". Malina y Rohrbaugh, *Los evangelios sinópticos*, 145.
⁶⁵ Heil, "Jesus with the Wild Animals in Mark 1:13", 69.

milagros, por lo cual Jesús era más poderoso que Juan, quien no realizaba señales como estas (Jn 10:41).[66]

La disposición de Marcos al colocar el material de Juan como preludio al ministerio de Jesús (Mr 1:2-14a y después en 6:17-29) parece un intento consciente de mostrar una separación entre el ministerio de Juan y el de Jesús.[67] Shively observa que:

> Juan el Bautista anunció que venía uno que era más fuerte que él (ἔρχεται ὁ ἰσχυρότερός μου, Mr 1:7). Jesús apareció y fue fortalecido por el Espíritu Santo para entablar un conflicto con Satanás (vv. 9-13). Marcos conectó el prólogo con 3:27 al ilustrar que Jesús es el más poderoso (ὁ ἰσχυρότερός) que vino para vencer al hombre fuerte que había mantenido a los cautivos, trayéndoles liberación. En esta parábola, Marcos continuó haciendo eco de la redención isaiánica de la cita de inicio, aludiendo a la promesa que el Señor, el Fuerte de Jacob (ἰσχύος Ἰακώβ) rescataría a los cautivos tomados por el hombre fuerte (ἰσχύοντος, Is 49:24-25). Los capítulos iniciales de Marcos sugieren que el propósito del ministerio de Jesús fue establecer el Reino de Dios haciendo la guerra contra Satanás con el fin de rescatar a su pueblo cautivo por el poder maligno.[68]

Marcos asumió entonces que con el bautismo de Jesús se inició en la historia una batalla cósmica entre el Hijo de Dios y Satanás y que la culminación del conflicto será la destrucción de la era actual del mal y el establecimiento del Reino de Dios.[69]

---

[66] Marcus, *El Evangelio según Marcos (Mc 1-8)*, 168.

[67] Charles W. Hedrick, "What is a Gospel? Geography, Time and Narrative Structure", *Perspectives in Religious Studies* 10/3 (1983): 262. "La mención del encarcelamiento de Juan sirvió para pasar del escenario preliminar del ministerio activo de Juan, a la llegada pronosticada del 'más poderoso' que se hacía cargo a partir de donde Juan se había quedado". R. T. France, "The Beginning of Mark", *The Reformed Theological Review* 49/1 (1990):19.

[68] Shively, *Apocalyptic Imagination*, 47.

[69] Peacock, "The Theology of the Gospel of Mark", 397-398.

La voz de Dios que declara la identidad de su Hijo (Mr 1:10-11)

La expresión "rasgándose los cielos" (σχιζομένους τοὺς οὐρανοὺς, Mr 1:10) es la primera alusión que evoca la profecía de LXX Is 63:19. El verbo hebreo correspondiente para "rasgar" (σχίζω) es קרע ("¡Oh si rasgaras los cielos y descendieras!"). Los paralelos a este pasaje (Mt 3:16; Lc 3:21) usan el verbo más común, "abrir" (ἀνοίγω).[70] La alusión a este nuevo pasaje de Isaías haría pensar que el Señor (κύριος) del que habla la profecía inicial es Dios mismo.[71] El Espíritu es quien bajó del cielo en forma de paloma y en seguida resaltó una voz que exclamó: "Tú eres mi Hijo amado (σὺ εἶ ὁ υἱός μου ὁ ἀγαπητός) en ti me complací" (Mr 1:11).[72] Bruce M. Malina y Richard L. Rohrbaugh exponen que:

---

[70] Guijarro Oporto, "'Como está escrito'", 105. El verbo ἀνοίγω también aparece en el paralelo de Testamento de Leví 18:6-12. A. Piñero. 'Testamento de Leví' en "Testamentos de los doce patriarcas", en *Apócrifos del Antiguo Testamento*, ed. Alejandro Diez Macho (Madrid: Cristiandad, 1987), 5:60.

[71] "Es evidente que esta cita solo era comprensible para quien reconocía a Jesús como Señor (κύριος), pues de este modo se podía entender que Dios (el único a quien un judío reconocería como κύριος) anunciara el envío de su mensajero para preparar, no su propio camino (Is 40:3; Mal 3:1) sino el de Jesús". Guijarro Oporto, "'Como está escrito'", 103. Sea cual fuere la forma en que el nombre divino se escribiera en LXX, ese nombre se pronunciaba probablemente como κύριος. El uso de LXX como trasfondo de la aplicación que el NT hace de κύριος a Jesús implica la atribución a Jesús de la divinidad. Sin embargo, Marcus considera que "el evangelista nunca llamó a Jesús κύριος en este sentido divino de un modo totalmente claro". Marcus, *El Evangelio según Marcos (Mc 1-8)*, 152, 156.

[72] "Se alude a Isaac, el hijo amado de Abraham (Gn 22:2), o al siervo de Dios del que hablan los cantos de Isaías (41:8-9, 42:1, 44:2), pero, sobre todo, al salmo que evocaba la entronización del descendiente de David como Hijo de Dios: 'Tu eres mi hijo; yo te he engendrado hoy' (Sal 2:7)". Guijarro Oporto, "'Como está escrito'", 105. "El hecho de que en la época de Marcos la revolución estuviera regida por dirigentes que se arrogaban el mesianismo davídico, ayuda a explicar la ambivalente actitud del evangelista respecto de la imagen davídica del Reino de Dios, pues a veces pareciera afirmarla para Jesús (Mr 10:47-48, 11:9-10) y a veces pareciera negarla (12:35-37). Por una parte, Marcos dio la impresión de presentar a Jesús como el Santo Guerrero de Dios, como el Mesías davídico que combatía los poderes demoníacos que se alzaban contra el pueblo de Dios,

Designar a Jesús como "Hijo de Dios" era una altísima declaración de honor. Sin embargo, una declaración de honor requeriría de un público que diera el visto bueno; de lo contrario, carecería de sentido. En Mr 1:10, la descripción "rasgándose los cielos" hizo público lo que de otro modo sería un acontecimiento privado y carente de significado. Pero como no se dijo que hubiese algún testigo presente, está claro que Marcos pretendía que fueran sus lectores el público que confirmara la concesión de honor a Jesús.[73]

Así, los eventos del prólogo generarían altas expectativas para Jesús como el Hijo de Dios.[74] Sin embargo, de inmediato lo llevaron a situaciones conflictivas: El relato se ubicó en el desierto (Mr 1:12) donde fue tentado por Satanás (πειραζόμενος ὑπὸ τοῦ σατανᾶ, v. 13), lo cual podría desorientar al lector dada esa situación incómoda al inicio de la narración.[75] Esto muestra el carácter apocalíptico de los conflictos que tendrían lugar más adelante en el evangelio.[76] Los milagros y exorcismos que realizaría Jesús en la narrativa, por lo tanto, deberían ser entendidos a la luz de los eventos significativos del prólogo.[77]

---

cumpliendo así incluso las esperanzas distorsionadas de los revolucionarios. Por otra parte, el evangelista mostraría que Jesús había dado cumplimiento a dichas esperanzas davídicas de un modo imprevisto, contrario a las visiones convencionales de aquel tiempo, indicando de esta forma que la verdad fundamental sobre Él no era aquella que le presentaba como Hijo de David, sino la que le presentaba como Hijo de Dios". Marcus, *El Evangelio según Marcos (Mc 1-8)*, 54.

[73] Malina y Rohrbaugh, *Los evangelios sinópticos*, 145.

[74] Mark I. Wegener, "Reading Mark's Gospel Today: A Cruciforming Experience" (dis. de Th.D., Escuela Luterana de Teología, 1992), 463; Matera, "The Prologue", 4.

[75] Wegener, "Reading Mark's Gospel", 463.

[76] Geert Van Oyen, "Demons and Exorcisms in the Gospel of Mark" en *Demons and the Devil in Ancient and Medieval* Christianity, Nienke Vos y Willemien Otten eds. (Leiden: Brill, 2011), 107.

[77] C. Drew Smith, "'This is my Beloved Son; Listen to Him': Theology and Christology in the Gospel of Mark", *Horizons in Biblical Theology* 24 (2002): 62.

Los textos clave que el narrador introdujo al citar y aludir a Isaías fueron Mr 1:2-3, 10-11 y a partir de ellos debería ser leído el resto del evangelio. Así, el evangelista invitó al lector a relacionar dos unidades semánticas: Las profecías de Isaías y el relato del evangelio. El lugar que ocupan las referencias a las profecías de Isaías en este comienzo muestra que son parte importante de la clave hermenéutica desde la que debe leerse el relato. El narrador persiguió esta finalidad informándole al lector sobre aspectos decisivos que los personajes desconocían (en este caso, la identidad de Jesús como Mesías Hijo de Dios).[78]

El lector del evangelio adquiere una información previa sobre la identidad de Jesús porque tiene conocimiento del prólogo. Una visión general de la narrativa de Marcos muestra que los personajes humanos de la historia (a excepción de Jesús) estaban desconcertados por su identidad y luchaban de continuo con esta cuestión debido a que, a diferencia del lector, no habían tenido el conocimiento precedente del prólogo. Si habían de alcanzar un entendimiento de quién era Jesús, sería en el proceso de la narrativa hasta el camino de la cruz.[79] En los relatos que seguían sobre la actuación pública de Jesús, su pasión y muerte, el lector, previamente advertido, encontraría numerosos indicios de que la buena noticia sobre Jesús correspondía a lo escrito por el profeta Isaías.[80]

Un punto importante para finalizar el tema del prólogo es la ausencia de cualquier *narrativa de nacimiento* o de *una genealogía de Jesús*. Esto comunicaba a la audiencia que el origen y el significado de quien venía se encontraban completamente en Dios. El prólogo, entonces, funcionó para informar a la audiencia, como antecedente, que Jesús procedía de Dios.[81] El pleno significado de la persona de Jesús es una información que debería adquirirse en el

---

[78] Guijarro Oporto, "'Como está escrito'", 106-107.
[79] Matera, "The Prologue", 9.
[80] Guijarro Oporto, "'Como está escrito'", 107.
[81] "El evangelista no intentó ocultar la humanidad de Jesús o el hecho de que Él tenía una familia humana, lo cual es evidente en Mr 3:20-35. La redefinición de los que constituyeron su verdadera familia implicó que Jesús venía de Dios". Smith, "'This is my Beloved Son; Listen to Him'", 56-57.

resto de la narrativa, puesto que Marcos no lo reveló todo en detalle desde el inicio.[82]

Conclusiones

En el evangelio de Marcos, aunque las citas explícitas están casi ausentes, el evangelista enfocó sus relatos como el cumplimiento de las Escrituras. Colocó cuidadosamente las citas y alusiones para que sus lectores reconocieran que las Escrituras apuntaban hacia Jesús. *El propósito* de Marcos fue mostrar que había tenido lugar la unión entre lo que se anunció en el AT y lo que se realizaría en adelante. Entonces, lo que debería interpretarse a la luz de Is 40:3 es: "El comienzo de la buena noticia sobre Jesús Mesías", lo cual estaba *en continuidad* con la historia de la salvación de la que hablaban las Escrituras.

En Mr 1:2-3 el evangelista hizo una yuxtaposición de Éx 23:20 y Mal 3:1 en su cita de Is 40:3 para alcanzar sus objetivos literarios y teológicos generales. El conocimiento de los contextos originales de los textos del AT ilumina el significado de su uso en el evangelio. Esto muestra la estrecha relación entre Jesús y Dios, establecida entre "el camino del Señor" y "el camino de Jesús". Así, el camino de Israel como hijo de Dios en el evento del Éxodo es representado por el camino de Jesús como el Hijo de Dios en la narrativa de Marcos. Se unificaron temas proféticos de redención y juicio con vistas a la reconstitución de la familia de Dios, que Marcos re-contextualizó utilizando tipos apocalípticos y símbolos de Israel para transmitir una nueva esperanza a su pueblo.

En el prólogo se deduce que el oponente ya no era Babilonia, sino Satanás, y la batalla ya no era simplemente humana, sino cósmica (el Señor estaba haciendo algo nuevo). El evangelista concibió a Jesús como el que reunía a los que había rescatado del poder de Satanás en una comunidad de adoración alrededor del Templo. Los milagros y exorcismos que realizaría Jesús en la narrativa deberían ser entendidos a la luz de los eventos

---

[82] Matera, "The Prologue", 4.

significativos del prólogo. La primera explicación presentada en este evangelio de los exorcismos es la concepción de una lucha cósmica entre las fuerzas de la justicia y el mal, cuya resolución se esperaba en aquella época.

La lucha escatológica de los justos contra los demonios (que ya pertenecía a la tradición y se identificó con el arribo del Reino) y el reconocimiento de la identidad del Hijo del Hombre, no son dos temas separados, sino parte esencial de la redacción de Marcos. Por eso, en los relatos que seguían sobre la actuación pública de Jesús, su pasión y muerte, el lector, previamente advertido, encontraría numerosos indicios de que la buena noticia sobre Jesús correspondía a lo escrito por el profeta Isaías. Por lo tanto, Mr 1:2-3, 10-11 son los textos clave que el narrador introdujo al citar y aludir a Isaías y a partir de ellos debe ser interpretado el resto del evangelio.

Capítulo 4

EL ROL DE LOS DEMONIOS EN LA TEOLOGÍA DE MARCOS

Entre los asuntos introductorios del evangelio de Marcos que se presentan en el capítulo anterior, se expone sobre la importancia del prólogo. Se establece que el propósito del evangelista fue mostrar que se había dado el encuentro entre lo que se anunció en las Escrituras del AT y lo que se realizaría en adelante, dando una continuidad a la historia de la salvación del pueblo de Dios. Se explica que tanto Mr 1:2-3 como vv. 10-11 fueron los textos clave que Marcos introdujo al citar y aludir a Isaías, y que a partir de ellos debería ser leído el resto del evangelio. Estos aspectos preliminares son determinantes para los temas que se desarrollan a continuación.

En el inicio de este capítulo se analiza el pasaje final del prólogo (Mr 1:12-13) en el que Jesús fue tentado por Satanás. A continuación, se estudia el relato del espíritu inmundo que fue expulsado de un hombre en una sinagoga de Cafarnaúm (vv. 21-28). Después se expone acerca de la controversia sobre Beelzebú en el contexto de Is 49:24-25 y su uso en Mr 3:27, que explica el significado de los exorcismos. Posteriormente se trata acerca del relato del endemoniado gergeseno (5:1-20), que muestra varios detalles relacionados al carácter apocalíptico del rol de los demonios en el evangelio. En seguida se hace notar lo más significativo del relato del joven liberado de un espíritu mudo y sordo (9:28-29). Por último, se cierra el capítulo con las conclusiones del mismo.

La tentación de Jesús (Mr 1:12-13)

En este corto pero significativo relato, Jesús fue llevado por el Espíritu al desierto, un lugar que era característico de los espíritus malignos en la mentalidad oriental.[1] En el pensamiento bíblico, también era muy común la idea de que en el desierto moraban los poderes del mal. Marcos no describió los detalles de la tentación como lo hicieron los otros evangelistas (Mt 4:1-11; Lc 4:1-13), pero sí mencionó que duró cuarenta días (Mr 1:13).[2] La presencia de Satanás desde el inicio del ministerio de Jesús fue una señal del tiempo de "crisis" determinado por el combate apocalíptico entre el enviado de Dios y el espíritu del mal que domina la historia de la humanidad.[3]

Similar al rol de Satanás y los espíritus malignos en la literatura apocalíptica judía, en la expresión "siendo tentado por Satanás" (πειραζόμενος ὑπὸ τοῦ σατανᾶ, Mr 1:13), se observa que "tentar" (πειράζω) es el primer rol de Satanás mencionado en el evangelio.[4] Marcos también menciona la presencia de fieras, lo cual

---

[1] Juan Antonio Estrada, "Las relaciones Jesús-pueblo-discípulos en el evangelio de Marcos", *Estudios Eclesiásticos* 54 (1979): 153. Abelardo Pérez Ruiz indica que aquí "el Espíritu aparece como la Fuerza (con mayúscula por referirla a una persona divina) que mueve a Cristo en toda su vida pública. Cristo va al desierto para enfrentarse a Satanás e infringirle la primera gran derrota y humillación". Abelardo Pérez Ruiz, entrevista personal, Guatemala, 13 de abril de 2020.

[2] Bill O'Shea, "The Mind and Message of Mark", 2017, http://evangelisationbrisbane.org.au/assets/uploads/the-mind-message-of-mark.pdf (10 de febrero de 2019).

[3] Estrada, "Las relaciones Jesús-pueblo-discípulos", 153.

[4] El AT se refiere a Satanás o Satán (שטן, 1 Cr 21:1; Job 1:6-9, 12, 2:1-4, 6-7; Zac 3:1-2). Satanás es el adversario o acusador del pueblo de Dios, presentado como el demandante (fiscal) en la corte divina (cf. Sal 109:6). Además, causa enfermedad, muerte y sufrimiento (Job 1-2). En *Jubileos*, el rol de Mastema/Belial/Satanás y sus espíritus malignos es inducir al hombre al pecado para su destrucción. En *Testamentos de los Doce Patriarcas* y *Testamento de Salomón*, el rol de los demonios es atraer a los hombres al fracaso moral, gobernándolos y llevándolos al pecado. La literatura de Qumrán presenta al hombre como víctima de Belial y sus espíritus, cuyo rol es alejarlo del pacto de Dios y encarcelarlo en el pecado. Marcos se refirió al término hebreo שטן, en griego, Σατανᾶς, que se menciona solo seis veces en todo su evangelio (Mr 1:13, 3:23, 3:26, 4:15, 8:33). Todas, a excepción de la primera, fueron mencionadas por Jesús. Alberto Maggi, *Jesús y Belcebú: Satán y demonios en el Evangelio de Marcos* (Bilbao: Desclèe de Brouwer, 2000), 111, 114. A diferencia de Mateo y Lucas, Marcos identificó al oponente de Jesús en el desierto como Σατανᾶς. El uso de Marcos de este término en lugar de διάβολος, utilizado en los relatos

se ha interpretado de dos maneras. La primera interpretación consiste en que Jesús, como el "nuevo Adán", restauró la convivencia paradisíaca con las fieras salvajes (Is 11:6-9, 65:25). Al respecto, Frank J. Matera cuestiona:

> Si las fieras simbolizaran una restauración de la situación que prevaleció antes, ¿la caída de Adán sugeriría que Satanás venció a Jesús? O, ¿simbolizan el ambiente hostil que Jesús encontró durante el período de la tentación? ¿Los ángeles sirvieron a Jesús para sostenerlo contra Satanás? O, ¿lo hicieron como resultado de haberlo vencido? El texto no lo dice explícitamente; sin embargo, el movimiento básico de la narrativa es claro.[5]

John Paul Heil considera que contextualmente esta postura no es convincente y el hecho de que Jesús estuvo con fieras no significa que Él fuera el "nuevo Adán" que restauró la convivencia paradisíaca. Si el caso fuera dar a este relato una dimensión de "armonía escatológica" equivalente a la "la restauración", el hecho de que Satanás todavía estuviera en el desierto, hace que todo el argumento sea erróneo. Por el contario, la segunda postura plantea que las fieras fueron parte de la oposición junto con Satanás, lo cual confirma la naturaleza apocalíptica del texto.[6]

---

paralelos de Mateo y Lucas (Mt 4:1, 5, 8; Lc 4:2, 3, 13) vincula su narración de la tentación con el discurso de Beelzebú que aparece poco después. Elizabeth E. Shively, *Apocalyptic Imagination in the Gospel of Mark. The Literary and Theological Role of Mark 3:22-30.* (Scotland: De Gruyter, 2012), 43, 60, 158. En referencia a Satanás, "Marcos tampoco utilizó el término 'maligno' (πονηρὸς), usado en los otros evangelios sinópticos". Geert Van Oyen, "Demons and Exorcisms in the Gospel of Mark" en *Demons and the Devil in Ancient and Medieval* Christianity, Nienke Vos y Willemien Otten eds. (Leiden: Brill, 2011), 105.

[5] Frank J. Matera, "The Prologue as the Interpretative Key to Mark's Gospel", *Journal for the Study of the New Testament* 34 (1988): 8-9.

[6] John Paul Heil, "Jesus with the Wild Animals in Mark 1:13", *The Catholic Biblical Quarterly* 68 (2006): 77. "En el escenario aparecieron Jesús y los ángeles de un lado luchando contra Satanás y las fieras, en el otro". Emmanuel Kwabena Frimpong, "Mark and spirit possession in an African context" (Tesis Ph.D., University of Glasgow, 2006), 34, 47.

R. T. France opina que "las fieras deberían ser relacionadas con Satanás como parte de la 'oposición' en lugar de considerarlas como un símbolo de la armonía adámica (Gn 2:18-20), como algunos de los primeros padres propusieron".[7] De esta manera, la presencia de las fieras fue parte de la tentación. Así como Israel (hijo de Dios) fue probado en el desierto durante el evento del Éxodo, así Jesús (el Hijo de Dios) fue llevado al desierto donde fue tentado.[8] Marcos no especificó que Jesús emergió como el ganador en esta batalla. Esto fue un indicativo de la victoria progresiva de Jesús sobre Satanás (Sal 91:11-13) que se definió más adelante (Mr 3:27).[9]

El exorcismo en la sinagoga (Mr 1:21-28)

El primer relato de un exorcismo en Marcos consiste en la expulsión de un espíritu inmundo en una sinagoga de Cafarnaúm. El escenario en Galilea es un elemento característico ya que el evangelista enfocó el ministerio de Jesús en esa región de principio a fin (Mr 1:9, 16:7).[10] Dentro del contexto del pasaje, un punto iluminador es explorar las dinámicas sociales alrededor de la

---

[7] R. T. France, "The Beginning of Mark", *The Reformed Theological Review* 49/1 (1990): 16.

[8] Heil, "Jesus with the Wild Animals in Mark 1:13", 77.

[9] O'Shea, "The Mind and Message of Mark", 2017, http://evangelisationbrisbane.org.au/assets/uploads/the-mind-message-of-mark.pdf (10 de febrero de 2019). Jesús no cedió a las tres tentaciones específicamente mesiánicas contra la sumisión a la voluntad de Dios (Mt 4:1-11; Lc 4:1-13). Sin embargo, durante toda su vida se oyeron ecos de las mismas. De la primera, por ejemplo, en la sugerencia de sus hermanos a mostrar quién era Él (Jn 7:3-5); de la segunda, en un intento popular de hacerle rey (Jn 6:15) y quizá también en lo que constituyó la idea final de Judas Iscariote; y de la tercera, la más claramente satánica, en la pregunta de Pilato: "¿Así que tú eres rey?" (Jn 18:37). En general, otras tentaciones a Jesús posteriores fueron en sustancia la misma lucha por la obediencia absoluta, la sumisión a la voluntad de Dios, que constituye el Reino de Dios. Alfred Edersheim, *Comentario Bíblico Histórico* (Barcelona: CLIE, 2009), 767.

[10] James LaGrand, "The First of the Miracle Stories According to Mark (1:21-28)", *Currents in Theology and Mission* 20/6 (1993): 481.

sinagoga. La declaración posterior de Jesús (12:38-39) acerca de que los escribas deseaban los "primeros asientos" (πρωτοκαθεδρίας) en las sinagogas, tal como Jordan J. Ryan explica, apunta a que:

> El *estatus* o el deseo de un estatus prominente de los escribas en la sinagoga implicaba que se atribuía prestigio a la ubicación de los asientos en los edificios de las sinagogas. Se percibía la creación de la sinagoga como un lugar para adquirir honor, el reconocimiento público del estatus. La sinagoga pública era una institución local-oficial en la que el estatus social de una persona, concebida en términos de honor y vergüenza, se podía hacer o romper.[11]

Las personas que buscaban movilidad ascendente, como los escribas en los relatos del evangelio, usaban la sinagoga pública como un lugar para obtener reconocimiento y prestigio, a través de la enseñanza convincente, la retórica y los actos públicos de cortesía o caridad. La asamblea, incluyendo tanto al concilio como a la gente del pueblo, tenía que ser persuadida de la sabiduría de cualquier acto de enseñanza, acción o discurso. A pesar de que los ciudadanos comunes pertenecientes a los niveles sociales más bajos, regularmente no enseñaban, ni se esperaba que presentaran ideas, ellos no temían discutir abiertamente las enseñanzas que se exponían y las aceptaban como sabias o las rechazaban como absurdas.[12]

---

[11] Jordan J. Ryan, "Jesus and Synagogue Disputes: Recovering the Institutional Context of Luke 13:10-17", *The Catholic Biblical Quarterly* 79 (2017): 55. "La gente adquiría honor aspirando personalmente a un cierto estatus que era socialmente reconocido. Por otra parte, la gente quedaba en vergüenza cuando aspiraba a un cierto estatus y este le era denegado por la opinión pública". Bruce J. Malina, *El mundo del Nuevo Testamento. Perspectivas desde la antropología cultural* (Estella: Verbo Divino, 1995), 72.

[12] El prestigio, la reputación y la validez de la opinión de una persona estaban en juego para aquellos que participaban en una discusión. Así, en el centro de las asambleas se encontraban personas de alto estatus social e influencia, como miembros del concilio local, autoridades (ἄρχοντες) y dirigentes (ἀρχισυνάγωγοι) que competían para obtener honor. En la sinagoga no solo había reuniones religiosas sino también de tipo político, legislativo y judicial. Los partidarios podían estar presentes con el propósito de promover sus agendas grupales específicas. Para alcanzar estos objetivos se debía persuadir al público porque el

Con este trasfondo, este relato inicia con la entrada de Jesús y sus primeros cuatro seguidores (Simón, Andrés, Santiago y Juan, Mr 1:16-20) a la sinagoga de Cafarnaúm, donde Jesús enseñaba (v. 21). Nótese que "la enseñanza" era el rol que habitualmente desempeñaban los escribas como maestros de la sinagoga, y la enseñanza de Jesús asombró a la gente allí reunida, porque "les enseñaba como quien tiene autoridad (ἐξουσία) y no como los escribas" (v. 22).[13]

En la sinagoga estaba un hombre con espíritu inmundo (espíritu impuro, πνεύματι ἀκαθάρτῳ) que gritó (Mr 1:23) diciendo: "¿Qué tienes contra nosotros, Jesús nazareno? ¿Viniste para destruirnos? Conozco quién eres: El Santo de Dios" (v. 24). Se observa aquí un cambio de la primera persona del plural (ἡμῖν, ἡμᾶς) al singular (οἶδά σε). Esto podría significar que el plural

---

honor dependía de su reconocimiento. La gente del pueblo, por lo tanto, jugaba un rol importante en los procedimientos de la sinagoga. Aunque es improbable que todas las personas de la comunidad asistieran a las asambleas de la sinagoga, en la mayoría de los lugares se asume una presencia pública en las reuniones normales. Llama la atención un caso en el que Jesús no fue aceptado por la asamblea pública de la sinagoga de Nazaret, por lo que no realizó milagros allí (Mr 6:1-6). Todo esto es indicativo de la influencia que tenía la asamblea en la configuración de la sinagoga. Ryan, "Jesus and Synagogue Disputes", 55-56, 59.

[13] Ibíd., 54. Alberto Maggi observa que "esta es la primera vez que Jesús estuvo en una sinagoga en Israel donde se enfrentó con un hombre poseído por un espíritu inmundo. Igualmente, la primera vez que Jesús estuvo en tierra pagana tropezó con un hombre poseído por un espíritu inmundo que vivía en los sepulcros (Mr 5:1-2)". Maggi concluye que "para Marcos, tanto la sinagoga como los sepulcros eran lugares de impureza. Si la expulsión de los demonios sucedía por la fuerza del mensaje de Jesús, los que se oponían completamente a ese mensaje permanecían definitivamente en su condición de impureza. Esto indica que el evangelista quiso unir temáticamente estos dos textos, como muestran también otros puntos de contacto entre ambos". Maggi, *Jesús y Belcebú*, 132, 143. "El término 'autoridad' (ἐξουσία) fue utilizado por Marcos para caracterizar el milagroso ministerio de Jesús, autoridad que también dio a sus discípulos". Van Oyen, "Demons and Exorcisms in the Gospel of Mark", 109; Dorothy A. Lee, "'Signs and Works': The Miracles in the Gospels of Mark and John", *Colloqutum* 47/1 (2015): 92. El término aparece diez veces en el evangelio, nueve en referencia al ministerio de Jesús en su interacción con el pueblo (Mr 1:22, 27, 2:10, 3:15, 6:7, 11:28, 29, 33) y una en el contexto de una enseñanza escatológica (13:34).

incluyó a esos espíritus como *un género*, y el espíritu inmundo habló como el representante grupal. Esos espíritus malignos conocían el propósito de la misión de Jesús, quien llegó para destruirlos.[14] Matera explica que:

> La fuente del conocimiento de los espíritus inmundos provino de los eventos que se produjeron en el prólogo. Satanás tentó al Hijo de Dios en el desierto (Mr 1:12-13). En consecuencia, *sus subordinados* estaban conscientes de la identidad de Jesús. Ellos sabían quién era Jesús y por qué había llegado. La proclamación pública de su identidad fue un intento de socavar su misión al revelar quién era Él en el camino hacia la cruz.[15]

Los espíritus malignos buscaron incluso controlar a Jesús invocando su nombre o el de Dios, según la creencia de que el conocimiento del nombre de una persona otorgaba poderes mágicos sobre ella. El espíritu inmundo reveló quién era Jesús; se refirió a Él como "el Santo de Dios" (ὁ ἅγιος τοῦ θεοῦ). Debido a que estos espíritus tenían dicho conocimiento, Jesús lo reprendió diciendo: "Cállate y sal de él" (Mr 1:25). "Y el espíritu inmundo, sacudiendo con violencia al hombre, habiendo gritado a gran voz, salió de él" (v. 26). Por razones que no se revelaron en ese momento, era prematura una proclamación pública de la identidad de Jesús como el Hijo de Dios. En contraste con los espíritus inmundos, ninguno de los otros personajes humanos de la narrativa conocía la identidad y la misión de Jesús. Debían llegar a una comprensión de ello al

---

[14] Frimpong, "Mark and spirit possession", 65. "Los espíritus inmundos reconocieron que el ministerio de Jesús implica una lucha entre dos reinos: El de Dios y el de Satanás". O'Shea, "The Mind and Message of Mark", 2017, http://evangelisationbrisbane.org.au/assets/uploads/the-mind-message-of-mark.pdf (10 de febrero de 2019); Matera, "The Prologue", 10.

[15] Ibíd. "Esto podría explicar por qué fue tan fácil para los espíritus inmundos, y tan difícil para los discípulos potenciales, entender quién era Jesús y cuál era su misión". Mary M. McGlone, "The core question", *The Word Scripted for Life* (12 al 25 de enero de 2018): 1.

presenciar e interpretar correctamente lo que Jesús iba a decir y a hacer.[16]

Este relato es importante también por las repercusiones que pudo implicar una expulsión de un espíritu inmundo dentro de una sinagoga. Por una parte, a Jesús no le importaron las consecuencias de una "vergonzosa interrupción" que podían haber experimentado los asistentes. Ningún ser humano fue una cancelación en los cálculos de Jesús, que *demostraba compasión por los necesitados*, como se observa en el evangelio de Marcos. En lugar de evitar el incidente, Jesús se puso del lado del hombre miserable en una escalada de confrontación espiritual.[17]

Por otra parte, al expulsar al espíritu inmundo con autoridad, Jesús provocó *la oposición* de las autoridades oficiales que, en ese contexto (Mr 1:22), no tenían la autoridad que demostró Jesús. El asombro de los asistentes al presenciar el exorcismo y la discusión de la gente al reconocer la autoridad de Jesús (v. 27), significó la acumulación de vergüenza para los escribas y la adquisición de

---

[16] Matera, "The Prologue", 10. "La confrontación de Jesús con los espíritus inmundos fue sobre autoridad y poder. El uso del verbo 'reprender' (ἐπιτιμάω, Mr 1:25, 3:12, 4:39, 8:33, 9:25; cf. LXX Zac 3:2) es distintivo por el carácter serio de la lucha". Van Oyen, "Demons and Exorcisms in the Gospel of Mark", 109. "Los espíritus inmundos pidieron clemencia. Jesús rechazó sus 'declaraciones' y les mandó callar, ya que era el pueblo el que tenía que captar su identidad 'leyendo' en sus obras (Mr 1:21-29, 3:11-12, 5:1-20, 9:14-29)". Estrada, "Las relaciones Jesús-pueblo-discípulos", 155.

[17] La compasión de Jesús se puede inferir como un factor motivador en esta confrontación, aunque la idea de "tener compasión" (σπλαγχνίζομαι) la presentó el evangelista por primera vez en el relato de la curación del leproso (Mr 1:41). El término aparece también en otras ocasiones (6:34, 8:2, 9:22) y a veces se traduce como "misericordia". En las sinagogas bien administradas, los oradores invitados esperarían que los encargados los protegieran de las interrupciones. En este contexto, el jefe de la sinagoga parece haber fallado en su responsabilidad de mantener al hombre con espíritu inmundo lejos de la reunión. Con la congregación desequilibrada y cayendo en confusión, una señal del orador probablemente habría activado algún sistema de respaldo para sacar al poseído de la sinagoga rápidamente. Pero Jesús se movía en dirección opuesta a esas tácticas evasivas. LaGrand, "The First of the Miracle Stories", 480-481. Se infiere entonces que probablemente se trató de una situación imprevista que quizá no se había dado antes, por lo que no existía ningún tipo de "lineamiento preventivo" dentro de la organización de la sinagoga.

honor para Jesús, dentro de las dinámicas de las disputas que involucraban el estatus y el intercambio de honor y vergüenza en la sinagoga.[18]

La controversia sobre Beelzebú
(Mr 3:21-35)

Este discurso es fundamental para establecer el mundo simbólico por el cual Marcos estructuró su percepción de Jesús. Mientras que Isaías presentó a Yahvé como el Fuerte de Jacob *que rescata* a Israel de los poderes políticos, Marcos presentó a Jesús como "el más fuerte" *que rescata* a la humanidad de un hombre fuerte cósmico.[19] En este sentido, Jesús fue quien explicó el significado de los exorcismos en "la parábola del hombre fuerte": Rescatar al hombre de la esclavitud de Satanás (Mr 3:27). Esto se conecta con el pasaje del AT al que Jesús hizo alusión (Is 49:24-25). La controversia sobre Beelzebú es importante también porque ejemplifica que la oposición al cumplimiento de la misión de Jesús, tanto de sus familiares (Mr 3:21, 31-35) como de los escribas (vv. 22, 30) es un rol demoníaco incidente en el evangelio.

¿Alude Mr 3:27 a Is 49:24-25?

En este segmento se trata de explorar si en Mr 3:27 Jesús hizo una alusión a Is 49:24-25 (se entiende que *una alusión* es una evocación del AT en el NT de manera no explícita). Dentro de los criterios de validación, se aplican los propuestos por Richard B. Hays, para establecer si Jesús se refirió a ese texto en la controversia sobre Beelzebú.

---

[18] Ryan, "Jesus and Synagogue Disputes", 59.

[19] "La parábola del hombre fuerte en Mr 3:27 no denota que el poder de Satanás haya terminado, pero describe metafóricamente la forma en que su poder está siendo vencido. La evidencia implícita más obvia del rol satánico en el evangelio de Marcos es la posesión demoníaca. El ejército de demonios de Satanás entra y controla vidas humanas a lo largo de la narrativa, lo cual indica que Satanás retiene una medida de fuerza". Shively, *Apocalyptic Imagination*, 32, 76, 160.

El contexto de Is 49:24-25

Isaías 49 está dentro del contexto de caps. 40-55. Mientras que Is 40-48 se refiere al fracaso de Jacob-Israel en responder positivamente a las noticias de Yahvé (48:1-20), las promesas orientadas al futuro en 49-55 se centran en el sufrimiento y la vindicación del enigmático siervo que facilitaría la liberación de Sion-Jerusalén. El nuevo siervo Israel restauraría a Jacob-Israel y sería la luz para las naciones que Jacob-Israel no fue (49:6; Sal 2). Esto daría lugar a dos proclamaciones de la salvación del "Nuevo Éxodo" (Is 49:6-13, 14-26).[20]

Isaías 49:24-25 está en la segunda proclamación, donde Yahvé responde a la queja de Sion-Jerusalén (v. 14), le confirma su amor infalible (vv. 15-16) y su compromiso de reconstruir sus murallas y llenarla con sus hijos que regresarían del exilio. Le promete su exaltación de tal manera que los reyes y las reinas serían sus padres adoptivos (vv. 19-23). Dada la fuerza de los opresores de Israel, la tarea parecía sin esperanza. Entonces, Yahvé, empleando nuevamente el lenguaje militar (v. 2), regresa a la promesa de v. 9 y a las preguntas retóricas en nombre de Sion (vv. 15, 24).[21]

Criterios de validación de la alusión

A continuación, se expone acerca de los criterios de validación de Hays. El primer criterio es *la disponibilidad*, es decir, si el libro de Isaías estaba disponible para Marcos y sus lectores. Se han identificado no menos de quince manuscritos de Isaías entre los rollos del Mar Muerto, número excedido únicamente por Deuteronomio. Isaías ejerció una gran influencia sobre Juan el

---

[20] Rikk E. Watts, "Mark" en *Commentary on the New Testament use of the Old Testament*, eds. G. K. Beale y D. A. Carson (Grand Rapids: Baker, 2007), 146; Rikki E. Watts, *Isaiah's New Exodus in Mark* (Grand Rapids: Baker, 2000), 148-149.

[21] Watts, "Mark", 146.

Bautista, Jesús y los autores del NT.[22] El segundo criterio es *el volumen*, que está determinado por la cantidad de palabras similares o iguales al texto del AT que se quieren comparar, lo cual ayuda a la intertextualidad.[23]

v.	LXX (Rahlfs)	Traducción
24	μὴ λήμψεταί τις παρὰ γίγαντος σκῦλα καὶ ἐὰν αἰχμαλωτεύσῃ τις ἀδίκως σωθήσεται[24]	¿Acaso tomará alguien el botín de un gigante? Y si uno tomara a un cautivo injustamente, ¿será él liberado?

---

[22] Richard B. Hays, *Echoes of Scripture in the Letters of Paul* (New Haven: Yale University Press, 1989), 29-32. Tanto las sinagogas como las iglesias tenían un acceso limitado a las Escrituras: La Torá, los Salmos y quizá Isaías, serían los textos más comunes. El libro de Isaías se usaba también en otras fuentes y por ello es probable que fuese más conocido. Nelson Morales, "Intertextualidad, significado, contextos" (apuntes de Uso del Antiguo Testamento en el Nuevo Testamento, Seminario Teológico Centroamericano, 2018), 35. "El rollo de Isaías (1QIs ͣ) consta de diecisiete hojas cosidas que forman un rollo de unos siete metros de largo. El escriba se tomó el trabajo de trazar líneas horizontales y perpendiculares en el pergamino, que sirvieran de guía a los renglones y las columnas y así favorecieran la prolijidad". William Sanford Lasor, David Allan Hubbard y Frederic William Bush, *Panorama del Antiguo Testamento, Mensaje, forma y trasfondo del Antiguo Testamento* (Grand Rapids: Desafío, 1995), 30, 357. "El paralelo más cercano a Is 49:24 es un dicho proverbial en Salmos de Salomón 5:3: 'Nadie toma el botín del hombre fuerte'. Podría ser directamente dependiente o compartir una fuente común con Is 49". Watts, "Mark", 147.

[23] Morales, "Intertextualidad, significado, contextos", 35.

[24] "En Is 49:24, el verbo 'tomar cautivo' (αἰχμαλωτεύσῃ) es un término técnico militar. Aunque el sustantivo 'cautivo' no está presente, se hace implícito. En cambio, en v. 25, αἰχμαλωτεύσῃ sí se traduce literalmente como 'tomará cautivo'. El adverbio 'injustamente' (ἀδίκως) generalmente implica 'la violación de la ley divina'". Timothy Friberg, Barbara Friberg y Neva F. Miller, *Analytical Greek Lexicon* (Bloomington: Trafford, 2006, versión BibleWorks 10). Una traducción de TM Is 49:24 podría ser: "¿Acaso será quitado el botín del poderoso? O, ¿será rescatado el cautivo del *justo*?" Nótese que aquí aparece el término "justo" o "inocente" (צדיק) en lugar del adverbio "injustamente" (ἀδίκως) de LXX. Del mismo modo, una traducción de v. 25 podría ser: "Pues así dice Yahvé: 'Ciertamente el cautivo será tomado del poderoso y el botín será rescatado del *tirano* (עריץ), y con tu adversario yo pelearé, y a tus hijos yo salvaré'". Rikk E. Watts indica que en la expresión "Pues así dice Yahvé", el significado de גם podría ser un "ciertamente" definitivo ("no importa qué tan fuertes sean los

| 25 | οὕτως λέγει κύριος ἐάν τις αἰχμαλωτεύσῃ γίγαντα λήμψεται σκῦλα λαμβάνων δὲ παρὰ ἰσχύοντος σωθήσεται ἐγὼ δὲ τὴν κρίσιν σου κρινῶ καὶ ἐγὼ τοὺς υἱούς σου ῥύσομαι | Así dice el Señor: Si alguien tomara cautivo a un gigante, tomará el botín, y el que lo toma de un poderoso será liberado; porque yo resolveré tu juicio, y yo salvaré a tus hijos. |

Tabla 4.1: Traducción de Is 49:24-25

v.	LXX (Rahlfs)	Traducción
27	ἀλλ' οὐ δύναται οὐδεὶς εἰς τὴν οἰκίαν τοῦ ἰσχυροῦ εἰσελθὼν τὰ σκεύη αὐτοῦ διαρπάσαι, ἐὰν μὴ πρῶτον τὸν ἰσχυρὸν δήσῃ, καὶ τότε τὴν οἰκίαν αὐτοῦ διαρπάσει.	Pero no puede nadie, habiendo entrado en la casa del fuerte, saquear sus cosas, si primero no ata al fuerte, y entonces saqueará su casa.

Tabla 4.2: Traducción de Mr 3:27

El concepto "tomar" (λήμψεταί, αἰχμαλωτεύσῃ, λαμβάνων) y el concepto "liberar", "rescatar" o "salvar" y "resolver" o "juzgar" (σωθήσεται, ῥύσομαι, κρινῶ) en Is 49:24-25, se realizan por medio de "saquear" (διαρπάσαι, διαρπάσει) en Mr 3:27. Asimismo, los términos "gigante" y "poderoso" (γίγαντος, γίγαντα, ἰσχύοντος) son similares o equivalentes al término "fuerte" (ἰσχυρὸν). El término "cautivo" (implícito en el verbo αἰχμαλωτεύσῃ, Is 49:24) y el término "botín" (σκῦλα) son equivalentes a los términos "casa" (οἰκίαν) y "cosas" (σκεύη). El concepto "tomar cautivo" (αἰχμαλωτεύσῃ) a un "gigante" en v. 25, es similar o equivalente al concepto "atar" (δήσῃ) al "fuerte" en Mr 3:27. Por lo tanto, se

---

captores de Israel, Yahvé rescatará a su pueblo") o un dudoso "aunque" (cf. 49:15). La lectura "justo" es más difícil. "Independientemente de la fuerza de los captores de Israel, el poderoso Yahvé seguramente librará a su pueblo" (*Tg. Isa.* 49:25). Watts, "Mark", 146-147. Entonces, el problema radica en cómo entender "el justo" de TM Is 49:24. Sin embargo, la exégesis de estos textos en TM no es indispensable para este estudio, con el supuesto que Jesús recurrió a LXX en el evangelio de Marcos.

observa que el uso de palabras en LXX Is 49:24-25 es determinante y la comparación de estos textos con Mr 3:27 muestra muchas similitudes.

El tercer criterio es *la recurrencia*. Marcos menciona el nombre de Isaías en la cita inicial de Mr 1:2 y después en 7:6, en palabras de Jesús. Asimismo, 1:3 usa de manera explícita Is 40:3. Además, Jesús citó Is 29:13 en Mr 7:6-7; Is 56:7 en Mr 11:17; y estaba muy ligado a Isaías en el uso profético de las Escrituras.[25] Entre los métodos exegéticos se observa que cuando Jesús citó un pasaje del AT en Marcos, siguió con frecuencia algo similar a los targumim.[26] También se observa la tipología en las alusiones a los cánticos del siervo: Mr 14:60-61 alude Is 53:7 y Mr 14:65 alude a Is 50:6.[27] Hay otras posibles alusiones a Isaías: 64:1 (LXX 63:19) en Mr 1:10; Is 41:8-9, 42:1 y 44:2 en Mr 1:11.

El cuarto criterio es *la coherencia temática*, es decir, si LXX Is 49:24-25 y su propio contexto encajan en el contexto de Mr 3:27 y lo ilumina.[28] El gigante que parecía invencible en Is 49:24 sería derrotado por el Señor (κύριος) según v. 25. Aunque fuera un gigante, el Señor es más poderoso y traería a su pueblo de regreso a Sion. En este sentido, Marcos aumentó la correlación entre Jesús expulsando los demonios y el saqueo "διαρπάσαι" (LXX: λήμψεταί) de la casa de Satanás: Ninguna casa de un hombre fuerte podía

---

[25] Morales, "Intertextualidad, significado, contextos", 35; Nelson Morales, "Definiciones, procedimiento e implicaciones" (apuntes de Uso del Antiguo Testamento en el Nuevo Testamento, Seminario Teológico Centroamericano, 2018), 46; Nelson Morales, "El Antiguo Testamento en los Evangelios" (apuntes de Uso del Antiguo Testamento en el Nuevo Testamento, Seminario Teológico Centroamericano, 2018), 50.

[26] Por ejemplo, en Mr 4:12, Jesús parafraseó Is 6:10 (cf. *Tg. Isa.* 6:10) y en Mr 9:47-48, Jesús citó Is 66:24 (TM no menciona Gehena, cf. *Tg. Isa.* 66:24). Nelson Morales, "Métodos exegéticos en NT, presuposiciones, contexto audiencia" (apuntes de Uso del Antiguo Testamento en el Nuevo Testamento, Seminario Teológico Centroamericano, 2018), 19.

[27] Nelson Morales, "Tipología, promesa/cumplimiento, continuidad/discontinuidad, *sensus plenior*" (apuntes de Uso del Antiguo Testamento en el Nuevo Testamento, Seminario Teológico Centroamericano, 2018), 28.

[28] Morales, "Intertextualidad, significado, contextos", 35.

resistir al Señor.²⁹ El hombre fuerte era Satanás y el que entraba en su casa era Jesús.³⁰

Marcos continuó construyendo el caso en el que Israel (en Jesús) había comenzado el esperado "éxodo escatológico" que comenzó desde el exilio. Sin embargo, de acuerdo con el cambio intertestamentario, el enemigo ya no era Babilonia, sino Satanás y sus demonios. Jesús expulsando demonios se identificó con el Yahvé-Guerrero de Isaías y su verdadero siervo Israel, en contraste con sus contemporáneos (cf. Mt 12:27-28; Lc 11:19-20). En el evangelio, Jesús es tanto el mesías davídico como el siervo isaiánico de Yahvé, ungido por el Espíritu. En el primer exorcismo, Jesús fue identificado como "el Santo de Dios" (Mr 1:24). Sin embargo, dada la prominencia del tema de la oposición, es significativo que Jesús hizo esa conexión en la controversia sobre Beelzebú.³¹

De acuerdo a *la Teoría de Relevancia* se podría inferir lo que Marcos intentó que sus lectores hicieran con el texto dentro de su discurso apocalíptico. Tanto el evangelista como su audiencia compartían un ambiente cognitivo mutuo del mundo que los rodeaba, incluyendo los textos que Marcos quiso evocar en sus lectores. Guiados por la relevancia, los lectores infirieron del texto y el contexto lo explícito y lo implícito, imprescindible para entender lo que el evangelista escribió. Es muy probable que el texto de Is 49:24-25 estuviera en el ambiente cognitivo compartido por Marcos y su audiencia. La intención del evangelista fue que sus lectores conectaran las palabras de Jesús en Mr 3:27 con el texto de Is 49:24-

---

²⁹ Watts, "Mark", 147. "En el contexto de Mr 3:22-30, la parábola revela que los exorcismos de Jesús muestran que el reino de Satanás llegará a su fin (v. 24) y que ha venido el Reino de Dios, como indica implícitamente Jubileos 5:6, donde el hecho de atar a los ángeles perversos está en paralelo con el hecho de 'arrancarles todos sus dominios' (10:7-8). Este tema aparece ya en el paralelo de Mt 12:28 y Lc 11:20, donde Jesús interpretó sus exorcismos como un signo de que 'el Reino de Dios ha llegado'". Joel Marcus, *El Evangelio según Marcos (Mc 1-8)* (Salamanca: Sígueme, 2010), 322.

³⁰ Vernon K. Robbins, "The Intertexture of Apocalyptic Discourse in the Gospel of Mark", https://www.researchgate.net/publication/265105208_The_Intertexture_of_Apocalyptic_Discourse_in_the_Gospel_of_Mark (7 de enero de 2019).

³¹ Watts, "Mark", 148-149.

25, lo cual es respaldado con la evidencia dada por los criterios de Hays más el principio de relevancia.³² Por lo tanto, se concluye que Marcos sí alude al texto isaiánico.

La oposición a la misión de Jesús manifiesta en la controversia

Entre las cinco controversias del evangelio (Mr 2:1-3:6), después de la última (3:1-6) en la que los fariseos finalmente decidieron deshacerse de Jesús (v. 6), el evangelista mostró la popularidad de Jesús y su poderoso ministerio entre las masas (vv. 7-12). Luego relacionó la reconstitución de Israel a través de la institución de los doce (vv. 13-19). Seguidamente Marcos resaltó el tema de la oposición en la controversia sobre Beelzebú. Estaban presentes: Jesús, los doce, el grupo más amplio de discípulos, las multitudes, los demonios y el Espíritu Santo; además, la familia de Jesús (v. 21) y las autoridades religiosas de Jerusalén (v. 22). En esta controversia, el problema nuevamente fue la autoridad manifiesta de Jesús, pero esta vez, sobre los demonios.³³

---

³² Morales, "Intertextualidad, significado, contextos", 36-38; Morales, "Definiciones, procedimiento e implicaciones", 46-47. Para ampliar el tema "Teoría de Relevancia", véase Peter S. Perry, "Relevance Theory and Intertextuality", en *Exploring Intertextuality: Diverse Strategies for New Testament Interpretation of Texts*, eds. B. J. Oropeza y Steve Moyise (Eugene: Cascade, 2016), 207-221. Las características de la audiencia de Marcos en su contexto se exponen en cap. 3 de esta investigación (véase págs. 56-58).

³³ Watts, "Mark", 145. Los dirigentes religiosos formaban un bloque consistente de oposición a Jesús. Cuestionaron su autoridad para perdonar los pecados, interpretando sus palabras como blasfemia (Mr 2:6-7). Cuestionaron la convivencia de Jesús con los publicanos y pecadores (v. 16). No entendieron por qué los discípulos de Jesús no ayunaban (v. 18) y lo acusaron de violar el Sábado (v. 24). Matera, "The Prologue", 10. Cuando Jesús desafió la autoridad de estos religiosos, ellos tramaron destruirlo, revelando su hostilidad (3:6, 11:18). Destruir la vida (κατακόπτω, 5:5; ἀπόλλυμι, 9:22) de aquellos que poseen es un rol característico de los espíritus inmundos. Esta representación de los escribas expresa un mundo simbólico apocalíptico, en el que los eventos humanos se intersecan con los cósmicos. Shively, *Apocalyptic Imagination*, 161. Estos religiosos dijeron que Jesús estaba poseído por un espíritu inmundo (3:22, 30). Lo

La perícopa refleja la técnica característica del "sándwich" que utilizó Marcos. La interpretación de la frase "sus parientes" (οἱ παρ αὐτοῦ, Mr 3:21) es complicada.[34] Podría simplemente indicar "amigos", pero la estructura "sándwich" sugiere "familia". Según el interés del evangelista en la actitud hacia Jesús de parte de los tres grupos (multitudes, familia y escribas) se presenta la estructura siguiente.[35]

a   La multitud se reunió donde estaba Jesús (Mr 3:20).
 b   Los parientes de Jesús decían que Él había perdido el juicio (v. 21).
  c   Los escribas acusaron a Jesús y Él les respondió (vv. 22-30).
 b' Los parientes de Jesús vinieron, se quedaron "afuera" y enviaron a llamarlo (v. 31).
a' La multitud y la verdadera familia de Jesús estaban alrededor de Él ("adentro", vv. 32-35).[36]

Este quiasmo dentro de la controversia sobre Beelzebú contiene en sus extremos la oposición de la familia de Jesús y en la parte central, la acusación que los escribas le hicieron a Jesús, y cómo Él les respondió.

La oposición de la familia de Jesús (Mr 3:21, 31-35)

La reacción de la familia y compatriotas de Jesús también se caracterizó por la oposición. Sus parientes llegaron para "agarrarlo" (prenderle) porque decían que había perdido el juicio (ἔλεγον γὰρ

---

cuestionaron por el "incumplimiento" de las tradiciones de los ancianos (7:5); incluso le pidieron a Jesús una "señal del cielo" para tentarle (8:11) después de que había alimentado a cuatro mil con pan en el desierto. Matera, "The Prologue", 10.

[34] Esta frase significa literalmente "aquellos de al lado de él". En griego clásico se refería a los enviados y embajadores, pero en LXX y otros textos de la literatura helenística significaba "partidarios", "seguidores" o "padres y familiares" (cf. Pr 31:21; Sus 33 = Dn 13:33; Josefo, *Ant.* 1, 193). En este caso se interpreta el término en referencia a los parientes, pues los οἱ παρ αὐτοῦ se distinguen de los discípulos mencionados en el versículo anterior y parece también que Marcos se refiere al mismo grupo de personas en la segunda parte del "sándwich" o estructura quiástica del pasaje, cuando habla de "su madre y sus hermanos" (Mr 3:31). Marcus, *El Evangelio según Marcos (Mc 1-8)*, 306.

[35] Watts, *Isaiah's New Exodus in Mark*, 145 n. 37.
[36] Ibíd., 145.

ὅτι ἐξέστη, Mr 3:21). La forma en que este episodio involucra a los familiares de Jesús sugiere que el narrador pretendía que los lectores vieran el paralelo entre las reacciones de la familia de Jesús y las de los escribas: ambos grupos se oponían a Él.[37] Estas actitudes predecían cómo el pueblo en sus diversos estratos iba a cerrarse progresivamente a su mensaje.[38] J. R. Edwards indica que:

> Los parientes de Jesús trataban de reprimirlo. En Mr 3:21, el verbo "agarrar" (κρατέω) a menudo se usa en Marcos en el sentido de evitar que Jesús cumpliera su misión, y lo mismo está implícito mediante el uso de "llamar" (καλέω, v. 31) y "buscar" (ζητέω, v. 32). Existe una diferencia en el evangelio entre un malentendido (p. ej., 8:14-21) que es lamentable, y la oposición, que es condenable. En 3:20-35, los acompañantes de Jesús ejercieron presión para que no cumpliera su misión. Igualmente importante es el contraste entre "los de adentro" y "los de afuera". La madre y los hermanos de Jesús estaban "afuera" (v. 31). No estaban "con" Jesús (περὶ αὐτὸν κύκλῳ καθημένους, v. 34) ni hacían "la voluntad de Dios" (ὃς [γὰρ] ἂν ποιήσῃ τὸ θέλημα τοῦ θεοῦ, v. 35).[39]

Hay dos indicaciones de que Jesús estaba distanciado de su familia inmediata: El uso del lenguaje interno/externo, y la redefinición que Jesús hizo de ella. La familia de Jesús en Mr 3:21 se presentó "junto a él" (οἱ παρ' αὐτοῦ), pero en v. 31, "parándose afuera" (ἔξω στήκοντες). En v. 32, "una multitud estaba sentada alrededor de Él" (ἐκάθητο περὶ αὐτὸν ὄχλος) y le dijeron: "Mira, tu madre y tus hermanos (y tus hermanas) te buscan afuera". Jesús estaba separado físicamente de su familia debido a la multitud, y

---

[37] Matera, "The Prologue", 10.
[38] Estrada, "Las relaciones Jesús-pueblo-discípulos", 156.
[39] En Marcos, de quince ocurrencias de κρατέω, once son negativas (p. ej., Mr 6:17, 12:12) y de diez ocurrencias de ζητέω, ocho son negativas. Incluso καλέω es probablemente negativo en 3:31, porque este es el único caso donde alguien más que Jesús es el sujeto del verbo. J. R. Edwards, "Markan Sandwiches: The Significance of Interpolations in Markan Narratives", *Novum Testamentum* 31 (1989): 210.

utilizó metafóricamente esa distancia en la pregunta retórica: "¿Quién es mi madre y mis hermanos?" (v. 33). Y "habiendo mirado alrededor" (περιβλεψάμενος) "a los que estaban sentados alrededor de Él en un círculo" (τοὺς περὶ αὐτὸν κύκλῳ καθημένους) dijo: "Aquí están mi madre y mis hermanos" (ἴδε ἡ μήτηρ μου καὶ οἱ ἀδελφοί μου, v. 34).[40] Stephen P. Ahearne-Kroll explica que:

> Con el uso de un lenguaje espacial interno/externo, Marcos transformó la distancia espacial entre Jesús y su familia inmediata en una distancia más profunda, metafórica y mucho más permanente. Mostró la manera consciente de Jesús de distanciarse de su familia (Mr 3:33-34). Esta redefinición se aclara y concreta porque Jesús redelimitó a su familia no como "aquellos que lo rodeaban", sino como "aquellos que hacían la voluntad de Dios" (v. 35). Pero, ¿cuál era la voluntad de Dios? Esto no está especificado, pero dado el escenario y el contenido del relato, se podría decir que hacer la voluntad de Dios significaba escuchar a Jesús, aceptar su enseñanza y cooperar con su misión. Los que estaban adentro no solo lo seguían físicamente, y los que estaban afuera no solo estaban físicamente lejos de Él.[41]

---

[40] Stephen P. Ahearne-Kroll, "'Who Are My Mother and My Brothers?' Family Relations and Family Language in the Gospel of Mark", *The Journal of Religion* 81 (2001): 14.

[41] Ibíd. La insistencia de Jesús al referirse a *dos grupos* apuntó a una perspectiva mediterránea fundamental del siglo I. Una de las distinciones sociales básicas era la relativa al *intragrupo* y al *extragrupo*. El intragrupo de una persona estaba generalmente formado por la propia familia, la familia extensa y los amigos. Los intragrupos podían cambiar, ampliándose unas veces y contrayéndose otras. Las personas del mismo barrio urbano o del mismo pueblo se consideraban entre sí como intragrupo cuando se encontraban en un ambiente "extraño", aunque en el barrio o el pueblo pudieran ser extragrupo. Respecto a Jesús, el que tuviese una casa en Cafarnaúm indica dónde estaba constituida su red de relaciones intragrupales. Las primeras personas a las que llamó para que formasen parte de su movimiento, pertenecían a esa localidad, y el hecho de que respondieron tan rápidamente sugiere que allí existía una red intragrupal (cf. Mr 1:16-20). A la luz de esto se debe juzgar también la diferencia de lenguaje para "los de adentro" y "los de afuera". Bruce J. Malina y Richard L. Rohrbaugh, *Los evangelios*

Los que estaban adentro debían aceptar la misión de Jesús; cualquier resistencia u oposición a su misión hacía que Jesús se alejara. En este caso, su familia inmediata y los religiosos eran sus opositores.[42] El intento de restringir a Jesús de su misión o redirigirlo a otro curso, aunque proviniera de sus asociados más íntimos (incluso de su madre y sus hermanos), era en última instancia tan equivocado y blasfemo como involucrar a Jesús con Satanás (Mr 3:22, 30). Evitar que Jesús cumpliera con su misión era *un rol satánico*. Esto fue precisamente el punto de la represión de Jesús cuando Pedro trató de impedirle que fuera a la cruz (8:31-33).[43] Satanás seguía activo y su rol de oposición se manifestaba también entre los seguidores más cercanos de Jesús.[44] Entonces, *un rol de los demonios* en Marcos fue estorbar a Jesús en el cumplimiento de su misión.

**La oposición de los escribas
y la respuesta de Jesús (Mr 3:22-30)**

Los escribas que habían bajado de Jerusalén rechazaron a Jesús. No pudieron negar que Él echaba fuera demonios, y lo

---

sinópticos y la cultura mediterránea del siglo I (Estella: Verbo Divino, 2010), 358-359. "Según estudios recientes, Cafarnaúm era una localidad que en esa época tenía aproximadamente 2000 habitantes". Craig Keener, "El Evangelio de Mateo" (módulo de maestría dictado en el Seminario Teológico Centroamericano, Guatemala, 4 de julio de 2019). "Marcos utilizó metáforas espaciales para contrastar el apoyo o la oposición al ministerio de Jesús, quien estaba empezando a formar un grupo social marcado por ciertos comportamientos y valores que el evangelista expresó a través de una estructura metafórica particular". Shively, *Apocalyptic Imagination*, 32. "Las oposiciones binarias y los conflictos apocalípticos son comunes en el evangelio de Marcos, así como las prácticas de exorcismos y las disputas entre Jesús y las autoridades. La tensión interna/externa es un motivo recurrente". Christopher Burdon, "'To the Other Side': Construction of Evil and Fear of Liberation in Mark 5.1-20", *Journal for the Study of the New Testament* 27/2 (2004): 155.

[42] Ahearne-Kroll, "'Who Are My Mother and My Brothers?'", 14-15.
[43] Edwards, "Markan Sandwiches", 210.
[44] Shively, *Apocalyptic Imagination*, 162.

acusaron de que su poder venía de Satanás (Mr 3:22, 30).⁴⁵ Decían que tenía a Beelzebú y que "por el jefe de los demonios echaba fuera a los demonios". La identificación exacta de "Beelzebú" (בעלזבוב) no está clara; tal vez signifique "señor de las moscas" (2 R 1:2-3, 6, 16; Josefo, *Ant.* 9.19). Otra posibilidad, "señor de la casa" (זבוב significa "morar"), resonaría con el uso de Jesús de οἰκία (Mr 3:25, 27). La casa del fuerte ("señor de la casa") está siendo saqueada por el más fuerte (1:7) que es verdaderamente el Señor de la Casa, es decir, del Templo (1 R 8:13; Is 63:15).⁴⁶

La respuesta de Jesús a esta acusación formulada por los escribas de Jerusalén es el punto más significativo dicho por primera vez "en parábolas" (ἐν παραβολαῖς, Mr 3:23). A diferencia de Mateo y Lucas, Marcos así identificó el discurso, y lo colocó al comienzo del ministerio de Jesús, delante de cualquier otro bloque de enseñanza y justo antes de las parábolas del Reino. Además, es uno de los dos lugares donde Jesús, en Marcos, explicó el propósito de su misión (3:27, 10:45).⁴⁷ La acción de "rescatar" (λύτρον, 10:45) se realiza por medio de "saquear" (διαρπάζω, 3:27).

---

⁴⁵ Charles H. Dyer, "The Purpose for the Gospel of Mark". En *Essays in Honor of J. Dwight Pentecost*, ed. Stanley D. Toussaint & Charles H. Dyer (Chicago: Moody Press, 1986), 57. "Se observa que cuando las referencias a δαιμόνια están relacionadas con un verbo compuesto (ἐκβάλλω ο ἐξέρχομαι), esto denota una acción realizada por el exorcista. La posesión de demonios en el evangelio implica que los demonios eran expulsados". Van Oyen, "Demons and Exorcisms in the Gospel of Mark", 106.

⁴⁶ Watts, "Mark", 145. El uso que hizo Marcos de los sinónimos de Satanás (Beelzebú = príncipe de los demonios, Mr 3:22) se ajustó al pensamiento del judaísmo del Segundo Templo. Por ejemplo, *Jubileos* presenta a Mastema como el príncipe de los espíritus (Jubileos 10:8, 17:16, 18:9, 12) y también como Beliar (1:20, 15:33). Menciona el fin de los demonios (23:29). Beliar/Mastema (como Satanás en el AT) acusa al pueblo de Dios (1:20, 48:15, 18). Así como Satanás en el libro de Job, Mastema también causa destrucción enviando espíritus para causar la muerte y la devastación en la tierra (Jubileos 11:5, 49:2). Además, *Testamento de Salomón* presenta a Beelzebú como "el príncipe de los demonios" (caps. 3, 5, 6) lo cual indica que ese nombre se conocía en la época en que Marcos fue escrito. Beelzebú (equivalente a Satanás) dirige a los demonios para afligir a la humanidad. Shively, *Apocalyptic Imagination*, 60.

⁴⁷ El término "parábola" (παραβολή) aparece aquí por primera vez en el evangelio, de un total de trece veces. Marcos empleó parábolas para explicar la persona y obra de Jesús (Mr 3:22-30). *Este discurso es apocalíptico*, no

Inicialmente, Jesús mostró la falacia de la acusación: "¿Cómo puede Satanás echar fuera (ἐκβάλλειν) a Satanás?" (Mr 3:23). "Y si un reino contra sí mismo estuviera dividido, aquel reino no puede mantenerse" (v. 24); "y si una casa contra sí misma estuviera dividida, no podrá mantenerse" (v. 25). "Y si Satanás se levantó contra sí mismo y estuvo dividido (ἐμερίσθη), no (se) puede mantener (οὐ δύναται στῆναι) sino que llega su fin" (v. 26).

Luego Jesús expuso la verdadera razón por la que podía saquear la casa de Satanás. Jesús describió sus exorcismos usando imágenes del famoso "hombre fuerte".[48] "Pero no puede nadie,

---

simplemente por el uso de parábolas (usadas en la literatura apocalíptica judía), sino también porque contiene el tema característico del *género apocalíptico* que revela un mundo de conflicto cósmico manifestado en el ministerio de Jesús. Esto le muestra al lector el significado y el fin de esa batalla en la respuesta de Jesús a la acusación de los escribas. Marcos presentó a Jesús como el que vino a liberar a las personas de los poderes opresivos. Sin embargo, el designado por Dios para esta misión se dirigía hacia la cruz. Al final, el poder de Dios se manifestó cuando Jesús dio su vida *como rescate* por muchos. Ibíd., 1, 5, 32. "El 'rescate' es el precio pagado por la liberación de la esclavitud o del cautiverio. En sentido figurado, es el costo que Cristo pagó al proveer ese rescate". Friberg, Friberg y Miller, *Analytical Greek Lexicon* (versión BibleWorks 10). Cf. λύτρον, Mt 20:28; ἀντίλυτρον, 1 Ti 2:6; λυτρόω, Tit 2:14; 1 P 1:18.

[48] Watts, *Isaiah's New Exodus in Mark*, 144. En el mundo mediterráneo del siglo I, el "desafío" era una amenaza de usurpación de la reputación de otro. Cuando la persona desafiada no contestaba al desafío, perdía su reputación ante el público. La gente diría que no podía defender su honor. Perdía su honor ante el retador, que en consecuencia crecía en honor. Desde el punto de vista del honor colectivo, las personas u ocupaciones sagradas tenían poder sobre todas las dimensiones del honor en sus respectivos grupos. Arbitraban cuestiones relativas al valor personal; delimitaban lo que podía hacerse o conservarse sin riesgo de sacrilegio y definían la lealtad incondicional de los miembros. Esto es lo que Jesús hizo respecto a los grupos electivos que formó en torno a sí y esto es lo que los escribas hacían respecto a las agrupaciones que estaban bajo su influencia. Malina, *El mundo del Nuevo Testamento*, 55, 67. "La respuesta de Jesús funcionó en el modo de discurso profético que criticó y corrigió el razonamiento de aquellos que habían sido seleccionados por Dios para supervisar la justicia, pero no habían cumplido con sus deberes responsablemente. Cuando Jesús elaboró su respuesta, usó el procedimiento argumentativo del discurso de la sabiduría que presentaba parábolas y contrastes". Robbins, "The Intertexture of Apocalyptic Discourse in the Gospel of Mark", http://www.religion.emory.edu/faculty/robbins/Pdfs/ApocIntertexture.pdf (7 de enero de 2019). "En el evangelio de Marcos, esta es la primera vez que Jesús mencionó a Satanás (Σατανᾶς) junto a la

habiendo entrado en la casa del fuerte, saquear sus cosas, si primero no *lo ata*, y entonces saqueará su casa" (Mr 3:27). La conjunción "pero" (ἀλλ) no contradice las declaraciones anteriores de Jesús (vv. 23b-26) sino que apunta a la acusación de que por el jefe de los demonios ("Beelzebú") echaba fuera a los demonios. La reutilización de este adversativo después de la cláusula anterior subraya la doble negación siguiente: "No puede nadie" (οὐ δύναται οὐδεὶς) "a menos que", implicando que Jesús "sí podía". Se enfatiza el uso del verbo δύναται a lo largo de este pasaje (vv. 23-27).[49] El verbo aparece cinco veces, lo cual pone un peso enorme en la capacidad de Jesús.[50] Sobre su uso, Joel Marcus explica que:

> Así como en Mr 3:27, en otras ocasiones el evangelista utilizó también el verbo "ser capaz" (δύναμαι) o el adjetivo correspondiente "posible" (δυνατός), para mostrar que solo Jesús puede oponerse y vencer a los poderes demoníacos (1:40, 2:7, 5:3, 8:4, 9:3, 22, 28, 10:26-27, 14:35-36) y que los hombres solo pueden hacerlo en virtud del poder de Dios (9:23, 29). Todo el tema se resume en la afirmación: "Para los seres humanos la salvación es imposible, pero no para Dios" (10:26-27). Para Marcos, como para los demás escritores apocalípticos, la salvación consiste ante todo en que la humanidad quede liberada de los poderes cósmicos que la oprimen. La misión principal de Jesús consistió en liberar al mundo de los demonios; incluso su enseñanza fue un medio para vencer en esa batalla (cf. 1:27).[51]

La capacidad de Jesús para hacer aquello que ninguna otra fuerza del cosmos puede realizar se destacó por rasgos que

---

referencia a un 'reino' (βασιλεία) que es la esfera de su dominio". Maggi, *Jesús y Belcebú*, 127.

[49] Marcus, *El Evangelio según Marcos (Mc 1-8)*, 321.

[50] Robert H. Gundry, *Mark, A Commentary on His Apology for the* Cross (Grand Rapids: Eerdmans, 1993), 174.

[51] Marcus, *El Evangelio según Marcos (Mc 1-8)*, 98. Jesús vino a "buscar y salvar a los perdidos", y lo hizo al derrotar a los poderes que reclamaban autoridad sobre los humanos. Ronn Johnson, *Supernatural: A Study Guide* (Bellingham: Lexham, 2015, versión Kindle).

provienen quizá de la redacción de Marcos. De un modo provocativo, que es propio de sus parábolas, Jesús comparó aquí sus propias acciones con las de un personaje transgresor, en este caso, un ladrón que irrumpe en la casa de un hombre fuerte. Así, el ladrón representa a Jesús. Una "casa" (οἰκία) que en Mr 3:25 representa el dominio de Satanás o su reino como un todo, en un juego de palabras, ahora es la vivienda de un hombre fuerte. Luego Jesús identificó el reino de la autoridad de Satanás como "la casa" (τὴν οἰκίαν, v. 27), lo cual hace eco de v. 25 donde Jesús afirmó que "una casa" (οἰκία) dividida contra sí misma no puede mantenerse.[52]

Conforme a *la tipología* de la narración, el "fuerte" (ἰσχυροῦ), el "dueño de la casa" (Mr 3:25), es Satanás. El contexto de la parábola de Jesús es una disputa sobre los exorcismos, y los paralelismos con la situación que aborda son muy precisos. Los objetos directos "sus cosas" (τὰ σκεύη αὐτοῦ) y "su casa" (οἰκίαν αὐτοῦ) ubicados antes de "saquear" (διαρπάσαι) y "saqueará" (διαρπάσει), respectivamente, resaltan la posesión de Satanás en relación con el éxito de Jesús como ladrón. El término σκεῦος significa literalmente "recipiente" o "vaso" y puede tipificarse como un cuerpo, o por extensión, una persona (cf. 1 Tes 4:4).[53] Entonces, el saqueo de las cosas de la casa representa la toma de Jesús de los

---

[52] Gundry, *Mark*, 174. "Una casa" es el grupo de personas que viven en un inmueble y que habitualmente son miembros de la misma familia. En ese sentido, οἰκία puede ser el equivalente a "familia" (cf. Mr 6:4; Jn 4:53; 1 Co 16:15). En Mr 3:24-25, σταθῆναι, "mantenerse", es el aoristo *pasivo* infinitivo del verbo ἵστημι. Es equivalente a στῆναι, "mantener", el aoristo *activo* infinitivo del mismo verbo utilizado en v. 26. Pero si Marcos hubiera pensado que las dos formas del verbo son sinónimas, probablemente habría utilizado en todos los casos la *voz activa*. Marcus, *El Evangelio según Marcos (Mc 1-8)*, 309, 321. "Los exorcismos que Jesús realizó inicialmente (1:21-28, 34, 39) testificaron del hecho de que el reino de Satanás no se puede mantener, sino que 'llega su fin' (τέλος ἔχει, 3:26)". Austin Busch, "Questioning and Conviction: Double-voiced Discourse in Mark 3:22-30", *Journal of Biblical Literature* 125/3 (2006): 484-485.

[53] Ibíd., 484. "El término σκεῦος se aplica también para referirse figurativamente al cuerpo humano como 'vaso' de un espíritu malo, como en Testamento de Neftalí 8:6: 'El diablo habitará en él como en su propio receptáculo'". A. Piñero, 'Testamento de Neftalí', en "Testamentos de los doce patriarcas", en *Apócrifos del Antiguo Testamento*, ed. Alejandro Diez Macho (Madrid: Cristiandad, 1987), 5:116.

endemoniados, que ahora le pertenecen a Él, porque el saqueo de la casa implica el saqueo de las cosas que están en ella.[54] Jesús es el "más fuerte" porque ha "saqueado las cosas", los seres humanos a los que Satanás ha poseído previamente.[55]

En la expresión "si primero no ata al fuerte" (ἐὰν μὴ πρῶτον τὸν ἰσχυρὸν δήσῃ) la colocación del objeto directo ἰσχυρὸν antes del verbo δήσῃ (en el texto griego) resalta que el dueño de la casa es "el hombre fuerte" (Satanás) en relación con la fuerza aún mayor de Jesús (el ladrón). Esta fuerza mayor se enfatiza al estar posicionada antes del adverbio "primero" (πρῶτον) que hace el enlace. Jesús ata a Satanás y le roba sus bienes. Si esto ocurrió de una vez por todas durante la tentación o con cada exorcismo individual, es debatible.[56] Puesto que Jesús había declarado que una casa se cae por división interna (Mr 3:25), el hecho de que la casa (v. 27) no se sostiene (el hombre fuerte está atado y es robado) perpetúa la idea de que Jesús entra en el reino de la autoridad de Satanás, lo refrena y rescata a las personas que controla.[57]

Al vincular metafóricamente "el fuerte" (ὁ ἰσχυρός) en Mr 3:27, Jesús es "el más fuerte" (ὁ ἰσχυρότερός) de quien Juan el Bautista profetizó (1:7).[58] William Hendriksen lo sintetiza así:

---

[54] Gundry, *Mark*, 174.

[55] Marcus, *El Evangelio según Marcos (Mc 1-8)*, 321.

[56] Gundry, *Mark*, 174. "Atar a un demonio" significa inmovilizarlo e incapacitarlo para ocasionar más daños o incluso para destruirlo. Joel Marcus observa que en Mr 3:23-26 el reino de Satanás se mantiene todavía intacto, pero luego, v. 27 presenta a Satanás como ya atado. En los textos apocalípticos una de las esperanzas se expresa en que Satanás será atado e inmovilizado (Testamento de Leví 18:10-12; Ap 20:2-3). Marcus, *El Evangelio según Marcos (Mc 1-8)*, 310-311, 321. Charles W. Hedrick interpreta que "Satanás debe ser 'el hombre fuerte', el mundo es 'su casa' y Jesús, quien es representado como 'el más fuerte' de los dos, *está en proceso de atarlo y saquear su dominio*". Charles W. Hedrick, "Miracles in Mark: A Study in Markan Theology and Its Implications for Modern Religious Thought", *Perspectives in Religious* Studies 34 (2007): 306. Sobre la atadura de los demonios véase también 1 Henoc 10:4, 13:1; Jubileos 5:6, 10:7-11; Tob 3:17, 8:3. Watts, *Isaiah's New Exodus in Mark*, 145.

[57] Busch, "Questioning and Conviction", 484.

[58] Ibíd., 493.

Habiendo refutado la afirmación de los escribas, Jesús entonces presentó *la verdadera explicación* de sus victorias sobre Satanás y sus demonios. En la vida ordinaria, el ladrón no recibe la ayuda voluntaria del dueño de la casa. En cambio, para obtener lo que quiere, el intruso primero ata al propietario y luego le roba. Jesús, de palabra y obra, está privando a Satanás de aquellas personas que el maligno considera como suyas y sobre las cuales ha estado ejerciendo su siniestro control (Lc 13:16). Jesús expulsa a los siervos de Beelzebú, a los demonios, y está restaurando lo que Satanás a través de sus delegados ha estado haciendo con las almas y los cuerpos de los hombres.[59]

Aunque en el evangelio de Marcos los exorcismos se mencionan con mucha más frecuencia que cualquier otro tipo de acto poderoso (Mr 1:21-28, 34, 39, 3:10-11, 15, 5:1-20, 6:7-13, 7:24-30, 9:14-29), esta es la única ocasión en la que *Jesús explicó el significado de sus exorcismos*. Seguidamente, Jesús se refirió a "la blasfemia contra el Espíritu Santo" (3:28-30), que en el contexto del NT es una maldición potencial de la que Él advirtió (también por primera vez en Marcos) de manera autoritaria: "pero cualquiera que blasfemara contra el Espíritu Santo, no tiene perdón jamás" (ὃς δ' ἂν βλασφημήσῃ εἰς τὸ πνεῦμα τὸ ἅγιον, οὐκ ἔχει ἄφεσιν εἰς τὸν αἰῶνα, v. 29).[60] La oposición a Jesús por parte de los escribas, fariseos y

---

[59] William Hendriksen, *Exposition of the Gospel According to Mark. New Testament Commentary* (Grand Rapids: Baker, 1975), 136.

[60] "Mientras que los espíritus inmundos ya habían reconocido y declarado quién era Jesús, el Hijo de Dios (Mr 1:24, 34, 3:11), los dirigentes religiosos, por el contrario, declararon que Jesús tenía un espíritu inmundo (πνεῦμα ἀκάθαρτον ἔχει, 3:30)". Watts, "Mark", 145, 148. "Estos religiosos consideraron a Jesús como poseído por un demonio de modo permanente, es decir, que era un vehículo constante de la influencia satánica. Jesús fue concebido por ellos como una encarnación de Satanás. Fueron culpables de tratar como un agente satánico lo que era del Espíritu Santo; no conocían ni entendían ni amaban la Luz". Alfred Edersheim, *Comentario Bíblico Histórico* (Barcelona: CLIE, 2009), 894-895. "Al acusarle los letrados de complicidad con los demonios se estaban cerrando al mensaje de Jesús; y ese fue 'el pecado contra el Espíritu Santo que no se perdona': La obstinación en la ceguera ante el enviado definitivo de Dios". Estrada, "Las relaciones Jesús-pueblo-discípulos", 156. Keener enfatiza el hecho que "la

otras autoridades, es un punto incidente en la narrativa de Marcos que implica una pelea cósmica entre Satanás y Dios (vv. 22, 28-30) y una lucha teológica entre la tradición humana y la Palabra de Dios (7:13).[61]

De la misma manera que Mal 1-3 describe la corrupción de las ofrendas y del oficio sacerdotal en el Templo, y Marcos describe los exorcismos en los que Jesús echó fuera a los espíritus que habían corrompido cuerpos humanos, Jesús también echó fuera (ἐκβάλλω) a los que habían corrompido el Templo y su culto (Mr 11:15). La similitud en el lenguaje y el tema sugiere que Marcos visualizó el conflicto de Jesús en el Templo como una extensión de su lucha contra Satanás para rescatar lo que se mantenía cautivo por el poder mundano satánico.[62]

El acto de Jesús en el Templo se proyecta como la eliminación figurativa de la mundanalidad satánica que había corrompido al pueblo de Dios y su culto. *La corrupción del Templo es otro rol de Satanás y los demonios*. A medida que se desarrolla la narrativa del evangelio, el poder satánico se manifiesta en una variedad de formas. En línea con una cosmovisión apocalíptica, Satanás controla el mundo (su casa) y su poder se refleja no solo en la posesión demoníaca, sino también en el pecado, algunas enfermedades, la destrucción (muerte), el rechazo a Jesús y la corrupción del Templo.[63]

---

blasfemia contra el Espíritu, más que la atribución a Jesús de la obra de Satanás, consistió en el endurecimiento del corazón a tal punto que nada los convencía y rechazaron la evidencia del Espíritu". Keener, "El Evangelio de Mateo" (módulo de maestría dictado en el Seminario Teológico Centroamericano, Guatemala, 10 de julio de 2019).

[61] Burdon, "'To the Other Side'", 152. Frente al completo rechazo de las autoridades religiosas, espirituales y civiles (escribas, fariseos y herodianos), Jesús decidió constituir un nuevo pueblo capaz de ser fiel a las promesas de Dios. Así como el antiguo Israel estaba formado por las doce tribus (Gn 49:1-28), también el nuevo Israel (que Jesús constituyó) fue representado idealmente por los doce, a los que Jesús llamó para que estuvieran con Él (Mr 3:13-15). Maggi, *Jesús y Belcebú*, 122.

[62] Shively, *Apocalyptic Imagination*, 193.

[63] Ibíd., 231.

El endemoniado gergeseno (Mr 5:1-20)

En el texto de Marcos este relato puede leerse como una amplia interacción con el *Libro de los vigilantes* ya que ambos comparten fuertes afinidades conceptuales que explican varias cuestiones interpretativas.[64] Los numerosos y geográficamente imprecisos viajes de Jesús en barca (Mr 5-8) constituyen una alternancia simbólica entre los encuentros judíos/gentiles y los actos de poder. La frase "al otro lado" (εἰς τὸ πέραν) aparece cinco veces (4:35, 5:1, 21, 6:45, 8:13) en referencia a los viajes a través del lago (o más bien "mar", como lo llamó Marcos).[65] La perícopa del endemoniado gergeseno es el relato de exorcismo más largo, más detallado y más complejo de los evangelios sinópticos.[66] El control de las fuerzas del mar, con sus connotaciones exorcistas (4:35-41), fue el preludio necesario para este exorcismo que ocurrió en un cementerio gentil, un lugar de impureza apto para los espíritus inmundos.[67]

Las tradiciones textuales ubican la escena de manera diversa: En el distrito de los gerasenos, gadarenos o gergesenos. La primera opción, "gerasenos" (Γερασηνῶν, Mr 5:1), tiene los mejores testigos en los manuscritos Alejandrinos y Occidentales. También es la lectura más difícil porque la ciudad de Gerasa estaba a unos setenta kilómetros al sureste del mar de Galilea, una carrera bastante larga para los cerdos (v. 13). Por esta dificultad, Mt 8:28 probablemente utiliza "gadarenos" (Γαδαρηνῶν). Gadara era otra ciudad que estaba a unos ocho kilómetros al sureste del lago (sin embargo, este

---

[64] Nicholas A. Elder, "Of Porcine and Polluted Spirits: Reading the Gerasene Demoniac (Mark 5:1-20) with the Book of Watchers (1 Enoch 1-36)", *The Catholic Biblical Quarterly* 78 (2016): 433.

[65] "Jesús adoptó concepciones negativas sobre otras naciones 'gentiles' (τὰ ἔθνη) usando un insulto racial ofensivo en su conversación con la mujer sirofenicia (Mr 7:27)". Burdon, "'To the Other Side'", 155. Véase el contraste con las palabras de Jesús en 13:10, donde Él manifestó la necesidad de que el Evangelio fuera predicado en todas las naciones.

[66] Teresa Calpino, "The Gerasene Demoniac (Mark 5:1-20): The preMarkan Function of the Pericope", *Biblical Research* 53 (2008): 15.

[67] Kent Brower, "'Who then is this?' - Christological Questions in Mark 4:35-5:43", *Evangelical Quarterly* 81/4 (2009): 298-299.

versículo de Mateo también resulta textualmente inseguro). La lectura "gergesenos", aunque es la peor atestiguada de las opciones, sería geográficamente la más factible.⁶⁸ Por esta razón, en este estudio se utiliza el término "gergesenos".

Cuando Jesús bajó de la barca, de los sepulcros salió a su encuentro "un hombre con espíritu inmundo (impuro)" (ἄνθρωπος ἐν πνεύματι ἀκαθάρτῳ, Mr 5:2),⁶⁹ el cual moraba en los sepulcros y

---

⁶⁸ Warren Carter cita a Stephen Moore quien destaca el exorcismo argumentando que la raíz hebrea del nombre Gerasa (גרש) significa "desterrar" o "expulsar", es decir que el nombre significa "la tierra en necesidad de exorcismo". Warren Carter, "Cross-Gendered Romans and Mark's Jesus: Legion Enters the Pigs (Mark 5:1-20)", *Journal of Biblical Literature* 133/1 (2014): 143. "Gergesa" se identifica con la actual Kursi, que se eleva sobre una meseta a la orilla oriental del Mar de Galilea. Esto significa que los escribas posteriores habrían tenido buenas razones para escribir "gergeseno" en lugar de "geraseno" un término que resultaba geográficamente inadecuado. Marcus, *El Evangelio según Marcos (Mc 1-8)*, 391; Bruce M. Metzger, *Un comentario textual al Nuevo Testamento Griego* (Stuttgart: Sociedad Bíblica Alemana, 2006), 18-19, 73, 121.

⁶⁹ Los "sepulcros" (μνημείων) eran cuevas excavadas en las rocas que podían ofrecer cobijo a quienes no tenían dónde vivir. Eran considerados lugares impuros por la presencia de huesos de muertos (Mt 23:27) y eran habitados por los "espíritus impuros". Marcus, *El Evangelio según Marcos (Mc 1-8)*, 391. "La descripción de los espíritus como 'impuros' aumenta el contraste con la pureza de Jesús e indica la importancia de los asuntos de pureza en la narrativa de Marcos". Brower, "'Who then is this?'", 297. Aunque el término "posesión" no aparece en los escritos del NT (ni del AT), la idea de un espíritu maligno que "posee" a una persona en el sentido de "habitar adentro", de "influenciar" y de "dominar", sí. La expresión "estar poseído por un demonio" (δαιμονίζομαι) sencillamente define la presencia de un demonio, y en Mr 5:2 la expresión es "un hombre con espíritu impuro" (ἄνθρωπος ἐν πνεύματι ἀκαθάρτῳ). En el texto paralelo de Mt 8:28, son dos los endemoniados (δύο δαιμονιζόμενοι). Alberto Almeida de Paula, "Expulsão de demônios no Novo Testamento", *Fides Reformata* IX/2 (2004): 121, 123. El problema radica en el intento de abordar este punto con más precisión ya que se han sustituido las expresiones "endemoniado" y "posesión" por "demonizado" y "demonizar", entrando en discusiones terminológicas innecesarias. Michael S. Heiser explica que el desacuerdo en parte deriva de la semántica de las traducciones de los términos griegos en pasajes que describen individuos demonizados. Palabras como "poseer" y "posesión" denotan "propiedad". Una lectura atenta del NT debe dejar en claro que un miembro del cuerpo de Cristo no puede ser propiedad de Satanás o de los demonios (Col 1:13). La idea de que los creyentes descritos de esta manera pueden ser posteriormente propiedad de poderes demoníacos menores es incoherente. Michael S. Heiser,

ya nadie lo podía "atar" (δῆσαι, v. 3). Muchas veces "había sido atado" (δεδέσθαι) con cadenas y grillos, y las cadenas "habían sido despedazadas" (διεσπάσθαι) y los grillos "habían sido quebrados" (συντετρῖφθαι) por él, y nadie lo podía "dominar" (δαμάσαι, v. 4).[70] Obsérvese aquí la relación lingüística y temática con 3:27, por lo que se deduce que este endemoniado recibió su fuerza sobrenatural del "fuerte", es decir, Satanás. Y todo el tiempo andaba en los sepulcros y en los montes gritando e hiriéndose con piedras (5:5).[71]

Demons What the Bible Really Says About the Powers of Darkness (Bellingham: Lexham, 2020, versión Kindle). Para ampliar el tema "posesión demoníaca", véase B. J. Oropeza, *99 Answers to Questions about Angels, Demons, and Spiritual Warfare* (Downers Grove: InterVarsity, 1997, versión Kindle). El término griego "demonio" (δαιμόνιον) se usa frecuentemente en los evangelios sinópticos, pero solo ocasionalmente en otros lugares. Marcos es el evangelista que más veces usó el término "espíritu inmundo" (once en total) y utilizó ambos términos (p. ej., Mr 6:7, 13, 7:25). Entonces, para Marcos aparentemente no había distinción entre los términos "demonio" y "espíritu inmundo (impuro)". En el AT aparece únicamente en Zac 13:2. Maggi, *Jesús y Belcebú*, 93. Lucas parece que deliberadamente evitó el término "demonio" al describir los exorcismos de la Iglesia primitiva (Hch 5:16, 8:7, 16:16, 18, 19:12-16; cf. 17:18, donde usó el término δαιμονίων para referirse a "divinidades" o "dioses"). James D. G. Dunn y Graham H. Twelftree, "Demon-Possession and Exorcism in the New Testament", *Churchman* 94/3 (1980): 216.

[70] Karina A. Casanova explica que *el perfecto infinitivo*, en su función verbal, usualmente funciona como complemento del verbo principal. Nótese en Mr 5:4 el valor aspectual que mantiene la visión interna del evento en curso, dado el énfasis que Marcos quiso hacer. Utilizó intencionalmente el tiempo perfecto para describir la intensidad de la acción, resaltando la situación de violencia en la que vivía el endemoniado: "Había sido atado" (δεδέσθαι), "habían sido despedazadas" (διεσπάσθαι), "habían sido quebrados" (συντετρῖφθαι). Karina A. Casanova, *Una comparación del aspecto verbal entre el griego koiné y el español* (Salem: Kerigma, 2020), 109. El hombre no podía controlar su vida, sino que era víctima de fuerzas demoníacas. La diferencia entre este hombre endemoniado y el de Mr 1:23 está en el hecho de que mientras el estado de este era evidente, continuo y conocido por la gente (5:3-5, 14-16), el anterior manifestó su condición solo en circunstancias particulares. Maggi, *Jesús y Belcebú*, 94.

[71] "El relato en Mr 5 comienza en armonía con las versiones de Mateo y Lucas, hasta que es interrumpido por vv. 3-5, que se encuentran solo en esta versión". David Jasper, "The Gaps in the Story: The Implied Reader in Mark 5:1-20", *Svensk Exegetisk Årbok* 64 (1999): 81. La posesión del espíritu se asocia con una fuerza extraordinaria (v. 4), porque nadie pudo atar al hombre poseído, solo Jesús. Para Marcos, esta imagen ilustró el principio de que solo alguien "más

Y viendo a Jesús desde lejos, corrió y se postró ante Él (Mr 5:6) y habiendo gritado dijo: "¿Qué tienes que ver conmigo, Jesús, Hijo del Dios Altísimo? Te conjuro por Dios, no me atormentes" (τί ἐμοὶ καὶ σοί, Ἰησοῦ υἱὲ τοῦ θεοῦ τοῦ ὑψίστου; ὁρκίζω σε τὸν θεόν, μή με βασανίσῃς, v. 7). Nótese aquí la conexión de este relato con 4:41, donde los discípulos se preguntaron: "¿Quién pues es este que también el viento y el mar le obedecen?", y fueron los demonios quienes contestaron la pregunta. Los poderes malignos, dado que son "espíritus", podían reconocer a Jesús inmediatamente.[72]

Jesús le preguntó al espíritu su nombre, y este respondió: "'Legión' (λεγιὼν) me llamo, porque somos muchos" (v. 9). Aquí,

---

fuerte" (Jesús) que el "fuerte" (Satanás) podía atarlo y liberar sus posesiones (3:27). Marcus, *El Evangelio según Marcos (Mc 1-8)*, 393. "La posesión se expresó de forma autodestructiva (5:5) porque el hombre poseído se hería con piedras. Asimismo, un niño afligido por un espíritu era echado al fuego o al agua (9:22). Es posible que Marcos se propusiera una crítica de algunos cultos paganos, pero sus descripciones reflejan una tradición auténtica sobre el comportamiento de posesión". Craig S. Keener, "Spirit Possession as a Cross-cultural Experience", *Bulletin for Biblical Research* 20/2 (2010): 231.

[72] Jean Starobinski, "An Essay in Literary Analysis - Mark 5:1-20", *The Ecumenical Review* 23/4 (1971): 388. El espíritu inmundo intentó alejar a Jesús al utilizar la fórmula de un exorcista para expulsar un demonio: "Te conjuro por Dios" (cf. Hch 19:13). Invocó irónicamente la autoridad de Dios en un intento de circunscribir el poder de Jesús, que venía de Dios. Protestó que Jesús lo estaba "atormentando". El verbo "atormentar" (βασανίζω) está asociado con un juicio escatológico, incluso del diablo (Ap 20:10). El uso de la expresión "Dios Altísimo" (Mr 5:7) identifica a Dios como el más poderoso y hegemónico que se encontraba en la escena. Carter, "Cross-Gendered Romans and Mark's Jesus", 145-146. Aquí, se repite la frase de 1:24 que parece ser una apelación deliberada al lenguaje de LXX, basada en 1 R 17:18. Acerca de Mr 5:8, Teresa Calpino indica que "este versículo tiene a los estudiosos divididos en un intento de explicar lo que parece ser una inserción incómoda en el texto". Calpino, "The Gerasene Demoniac (Mark 5:1-20)", 18-19. Esto tiene sentido, pues no habría razón de que Jesús le dijera: "Sal del hombre espíritu inmundo" (ἔξελθε τὸ πνεῦμα τὸ ἀκάθαρτον ἐκ τοῦ ἀνθρώπου), si luego en v. 9 le iba a preguntar: "¿Cuál es tu nombre?" (τί ὄνομά σοι;). Es decir, si el exorcismo se hubiera realizado en v. 8 con la orden de Jesús, la pregunta siguiente hubiera sido innecesaria, al igual que el resto de la conversación. Sin embargo, esto requiere de un análisis más detallado de crítica textual, dado que en Lc 8:29 el caso es similar.

el espíritu inmundo utilizó un término militar romano.[73] Marcos fue bastante claro en que esto era mucho más que una batalla contra los romanos en el mero nivel político o histórico.[74] En el contexto del desarrollo de la narrativa, λεγιὼν se interpreta mejor para referirse al ejército de demonios bajo el control de Satanás, su jefe militar.[75] Este es el punto de vista adoptado en el presente estudio.

Y el espíritu le "rogaba" a Jesús que no los enviara fuera de la región (Mr 5:10).[76] Y había allí cerca una gran manada de cerdos

---

[73] "Las legiones solían constar de unos 3600 soldados". Marcus, *El Evangelio según Marcos (Mc 1-8)*, 395. "Ha habido mucho debate sobre si el nombre debe leerse con dimensiones militares porque 'legión' como un término que denota poder militar, implica reconocer tanto la importancia de los números como el conocimiento cultural común de la efectividad militar". Carter, "Cross-Gendered Romans and Mark's Jesus", 144. Christopher Burdon interpreta el nombre "Legión" como una alusión anti-imperial en el apocalipsis de Marcos. La ocupación romana es literalmente "la posesión" de la tierra. Así, el exorcismo fue la liberación simbólica de la posesión romana de la tierra y no (como otras imágenes han hecho creer) de la impureza gentil. Esto constituye un tipo de desviación apocalíptica de la identificación implícita del lector. Burdon, "'To the Other Side'", 159. Otra interpretación es la de Eliza Margaret Rosenberg, quien considera que, si el ministerio de exorcismo de Jesús fue una estrategia anti-imperial, tal resistencia fue ineficaz. Las personas poseídas fueron liberadas de demonios, pero sus posiciones respectivas frente a Roma permanecieron sin cambios. La lectura politizada parece bien intencionada pero finalmente falla en su objetivo de hacer que los exorcismos de Marcos sean comprensibles para los lectores modernos. Sin embargo, esta autora también adopta una postura intermedia al decir que, en ciertos casos, los exorcismos de Jesús tenían connotaciones políticas. El nombre "Legión" no fue accidental en la época de composición de Marcos. El evangelista describió a Jesús como al menos una amenaza real para el orden imperial romano, tanto por su propia naturaleza y misión como por sus acciones específicas. Eliza Margaret Rosenberg, *The Representation and Role of Demon Possession in Mark* (Ottawa: Heritage Branch, 2007), 77, 98-99.

[74] Brower, "'Who then is this?'", 298.

[75] Shively, *Apocalyptic Imagination*, 180.

[76] Aquí Marcos utilizó el imperfecto "rogaba" (παρεκάλει) que indica una acción repetida o continua. El espíritu inmundo trató de controlar y limitar el poder de Jesús y defender su región ocupada. Usó el verbo "enviar" (ἀποστέλλω) en su petición. El verbo aparece en contextos militares con significados tales como "despacho", como cuando un oficial al mando despachaba espías (Jos 2:1, 6:25) o guerreros (8:3, 9; Jue 4:6; 2 R 6:14; Is 20:1). Carter, "Cross-Gendered Romans and Mark's Jesus", 146. En la expresión "fuera de la región" (ἔξω τῆς

pastando (v. 11) y le rogaron (παρεκάλεσαν): "Envíanos a los cerdos 'para que entremos en ellos' (ἵνα εἰς αὐτοὺς εἰσέλθωμεν, v. 12)".[77] Y Jesús lo permitió (ἐπέτρεψεν), y habiendo salido (ἐξελθόντα) los espíritus impuros (πνεύματα τὰ ἀκάθαρτα) entraron (εἰσῆλθον) en los cerdos y la manada se precipitó abajo por el despeñadero hacia el mar, como dos mil, y se ahogaron en el mar (v. 13).[78]

Los espíritus inmundos no lograron su deseo de permanecer en la tierra de los gergesenos en su estado anterior. Aunque lograron destruir a los cerdos, el texto no indica cuál fue su destino posterior, y *es probable que siguieran activos*.[79] La lucha con los espíritus inmundos (demonios) *continúa* porque Dios así lo permite, con

---

χώρας), "región" se refiere al área rural que rodeaba la ciudad o también a la tierra seca opuesta al mar. Así como en Mr 3:27, los espíritus malignos deseaban mantener sus dominios. Marcus, *El Evangelio según Marcos (Mc 1-8)*, 395.

[77] Los cerdos también eran impuros para los judíos (a quienes no se les permitía su crianza y no eran aprobados como alimento), por lo que su presencia era un indicio más de que se trataba de una región gentil. Jasper, "The Gaps in the Story", 82. "El verbo παρεκάλεσαν ahora es aoristo plural ya que el ruego fue concedido". Marcus, *El Evangelio según Marcos (Mc 1-8)*, 395. La segunda solicitud fue: "Envíanos (πέμψον ἡμᾶς) a los cerdos", con el aoristo activo imperativo de πέμπω en lugar de ἀποστέλλω de Mr 5:10. Ambos verbos expresaban la autoridad imperial. Según Carter, "este lenguaje multivalente abarca dimensiones imperiales, militares y sexuales". Carter, "Cross-Gendered Romans and Mark's Jesus", 147, 153. Marcus indica que "el término 'cerdos' (χοίρους) podría ser un modismo popular para referirse a los genitales femeninos". Marcus, *El Evangelio según Marcos (Mc 1-8)*, 395.

[78] David Jasper considera que Mr 5:3-5, 12-13, 18-20 contiene adiciones al relato original. Indica que estas interpolaciones están teológicamente ponderadas de una manera específica vinculada con las leyes judías de la impureza, un asunto que en realidad no tiene relevancia para el relato básico del exorcismo. En otras palabras, las interpolaciones fueron "judías" dentro del contexto de una narrativa aparentemente "gentil". Jasper, "The Gaps in the Story", 82-83.

[79] Marcus, *El Evangelio según Marcos (Mc 1-8)*, 396. Jean Starobinski ve la caída de los cerdos en el mar como una figura de la caída de los demonios rebeldes en el abismo. Starobinski, "An Essay in Literary Analysis - Mark 5:1-20", 385. En el relato paralelo de Lucas, los demonios rogaron a Jesús que no les ordenara ir al abismo (ἄβυσσον, Lc 8:31). Sin embargo, del relato de Marcos y sus paralelos no se puede saber qué sucedió con los espíritus inmundos (demonios) luego que ahogaron a los cerdos (Mt 8:31-32; Lc 8:31-33). Jesús no los arrojó al abismo, ni a ningún otro lugar. Él advirtió claramente que los espíritus inmundos buscan regresar a la persona de la que salieron (Mt 12:43-45).

algún propósito. Del desenlace del relato vale la pena mencionar que el evangelista se refirió al hombre que había sido atormentado por los espíritus inmundos, como "endemoniado" (δαιμονιζόμενον, Mr 5:15).[80] Entonces, en Marcos, "espíritu inmundo" = "demonio".

Otro punto importante a considerar es el hecho que fueron los habitantes de la ciudad los que rogaron a Jesús que se fuera de sus confines, y no los porquerizos (pues no hay indicación de que los habitantes de la ciudad fueran los dueños de los cerdos). Esto está en línea con el conjunto de la narración del evangelista, ya que al igual que los escribas (Mr 3:22, 30), interpretaron el exorcismo de Jesús como una obra de Satanás.[81] Entonces, como señala Starobinski, surge la siguiente reflexión conclusiva del relato:

> ¿Quiénes jugaron el rol de adversarios de Jesús? Del relato del endemoniado gergeseno se puede responder que fueron, en primer lugar, los demonios, pero luego fue la multitud de Gergesa, porque le pidió a Jesús que abandonara el distrito (Mr 5:17). La oposición de las fuerzas demoníacas en el mundo invisible se asume en el mundo humano en forma del rechazo a Jesús, que sería entonces la forma humana de la hostilidad del demonio. Pero mientras Jesús se encontró con los adversarios demoníacos y superó toda oposición de su parte, en el caso de los adversarios humanos, Jesús no resistió. Así, se observa *una oposición residual que persiste* incluso después de la victoria de Jesús sobre sus adversarios (una victoria que apunta y atestigua su misión divina); una

---

[80] "δαιμονιζόμενον (participio presente pasivo de δαιμονίζομαι) significa 'ser poseído por un demonio'". Friberg, Friberg y Miller, *Analytical Greek Lexicon* (versión BibleWorks 10).

[81] Marcus, *El Evangelio según Marcos (Mc 1-8)*, 396. "Los cerdos no pertenecían solo a una persona sino a una comunidad. Para Jesús, fue más importante restaurar a la víctima de los demonios a pesar de la pérdida de los cerdos y su valor económico. Las personas siempre fueron más importantes que las propiedades. A Jesús no le importó herir algunas 'sensibilidades' sino las necesidades de las personas". Keener, "El Evangelio de Mateo" (módulo de maestría dictado en el Seminario Teológico Centroamericano, Guatemala, 9 de julio de 2019).

enemistad que se niega a ser eliminada y que, por otra parte, Jesús no trató de vencer.[82]

Todo esto es lo que constituye la paradoja de una narrativa en la que Jesús superó las enfermedades, los adversarios sobrenaturales (espíritus inmundos), los elementos naturales adversos (vientos y tormentas), pero *permitió que la oposición humana reapareciera y persistiera*. De hecho, al final del relato se invirtieron los roles: Jesús se retiró (Mr 5:21) pero antes dejó al ex-endemoniado "convertido" con la responsabilidad de difundir su testimonio (vv. 19-20) y con el rol de enfrentarse a la oposición.[83]

Los "géneros" de espíritus malignos (Mr 9:28-29)

Los exorcismos que están en los primeros ocho capítulos del evangelio de Marcos están dentro del marco de las relaciones de Jesús con el pueblo. El relato del niño poseído por un espíritu mudo y sordo (Mr 9:14-29) es el cuarto y último exorcismo y el único localizado en la segunda mitad del evangelio. En Marcos, la ubicación de este relato no es accidental. Está situado detrás de la confesión de los discípulos y de la epifanía de la transfiguración de Jesús, donde se reveló su verdadera identidad con claridad (8:27-33, 9:1-13) y sirve tanto para resaltar la deficiente comprensión de los discípulos que no pudieron expulsar a un espíritu inmundo (9:18), como la poca fe del pueblo al que Jesús tuvo que soportar (v. 19).[84]

---

[82] Starobinski, "An Essay in Literary Analysis - Mark 5:1-20", 394-395.

[83] Ibíd., 396. "Aquí, Jesús superó un caso particularmente violento y destructivo del poder demoníaco, y el hecho de que esto ocurrió en territorio gentil muestra que el conflicto de Jesús con los poderes del mal tenía implicaciones más allá de los límites de Israel". O'Shea, "The Mind and Message of Mark", 2017, http://evangelisationbrisbane.org.au/assets/uploads/the-mind-message-of-mark.pdf (10 de febrero de 2019).

[84] Estrada, "Las relaciones Jesús-pueblo-discípulos", 156. "El fracaso de los discípulos en el exorcismo no fue en sí mismo suficiente para demostrar su falta de fe. Su incapacidad, por el contrario, fue una prueba clara de 'la incredulidad' de las otras personas, como en el caso del relato de Nazaret en el

Marcos se refirió al espíritu con términos distintos como "espíritu mudo" (πνεῦμα ἄλαλον, Mr 9:17) = "espíritu" (πνεῦμα, v. 20) = "espíritu inmundo" (πνεύματι τῷ ἀκαθάρτῳ, v. 25) = "espíritu mudo y sordo" (ἄλαλον καὶ κωφὸν πνεῦμα, v. 25). El detalle que interesa aquí es que al final del relato, los discípulos le preguntaron en privado a Jesús por qué ellos no pudieron echarlo fuera (v. 28). Él les respondió: "Esta *clase* (γένος) con nada puede salir sino con oración" (v. 29).[85] Esto implica que existen espíritus malignos de diferentes clases (el término "clase" es sinónimo de "género", "tipo" o "categoría"). En este sentido, Emmanuel Kwabena Frimpong explica que:

---

que incluso Jesús no pudo hacer ningún milagro sino en unos pocos enfermos (Mr 6:5-6)". Mara Rescio, "Demons and Prayer: Traces of Jesus' Esoteric Teaching from Mark to Clement of Alexandria", *Annali di Storia dell'Esegesi* 31/1 (2014): 58, 59, 67. "Este fue el único exorcismo donde se menciona la fe como un requisito previo para la expulsión de un espíritu inmundo (9:24). Si bien la fe no participó en los actos poderosos de Jesús sobre los procesos naturales y prácticamente no se mencionó en los exorcismos de espíritus inmundos, en las narrativas de sanación sí jugó un rol bastante importante". Hedrick, "Miracles in Mark", 303.

[85] "El hecho que Jesús hizo mención de *una clase especial de espíritus malignos* implica que existía una categorización de los mismos, y que Satanás y sus huestes *todavía estaban activos*. Era una batalla cósmica que continuaba entre Jesús y el mal que afectaba a los seres humanos". Frimpong, "Mark and spirit possession", 39. En Mr 9:29 Jesús no estaba ofreciendo una solución inmediata a una crisis; más bien, estaba instruyendo a los discípulos sobre cómo debían proceder para echar fuera a *un tipo especial de espíritus*, como el que poseía a ese niño. El procedimiento requerido no consistía en una oración particular, sino en una práctica persistente de oración que demandaba largos períodos exclusivamente de devoción. Marcos colocó este relato inmediatamente después de la transfiguración, es decir, luego de una experiencia espiritual intensa que implica que Jesús estuvo en una etapa de aislamiento y de oración. Una dificultad al final del versículo radica en la determinación de si la variante "y ayuno" (καὶ νηστεία) es o no parte del texto. Mara Rescio presenta una postura a favor de la inclusión del ayuno. Considera que el enfoque no está en el ayuno como una práctica en sí misma, sino como un medio para apoyar una práctica especial de la oración y probablemente para aumentar su poder. Véase Rescio, "Demons and Prayer", 69-74. En relación al comentario textual de este versículo y de Mt 17:21, véase Metzger, *Un comentario textual*, 35, 86.

Este *tipo de espíritus* parece ser diferente de los descritos en otras partes del evangelio de Marcos. Con respecto a otros exorcismos donde el espíritu reveló la identidad de Jesús, en este relato, el espíritu sacudió al niño e hizo que se revolcara en la tierra. Una diferencia entre este caso y los demás es que esta fue la única vez en la que una enfermedad se atribuyó a la posesión de un espíritu inmundo. Es probable que los espíritus responsables de causar estos síntomas específicos (como sordera, mudez, estupidez y convulsiones que amenazan la vida) pertenezcan a *una categoría especial de espíritus*.[86]

En los relatos anteriores, en la sinagoga (Mr 1:21-28) y en la región de Gergesa (5:1-20), los espíritus inmundos provocaron un diálogo en conflicto con Jesús. En este caso se trató de un espíritu mudo, es decir, muy arraigado en el individuo y que no buscó el enfrentamiento.[87] Otro detalle importante en comparación con la demonología de los escritos del Segundo Templo, es que la declaración de Jesús aquí no proporcionó los detalles para discernir *las diferentes clases de espíritus malignos que existen*. En este sentido, la única pista ofrecida es la calificación previa del espíritu como "un espíritu sordo-mudo" (9:17, 25) y esto se refiere a los efectos del espíritu sobre la víctima, en lugar de al espíritu como tal.[88] Entonces, la existencia de "diferentes géneros de espíritus malignos" puede implicar también que los tales desempeñan "diferentes roles".

Aunque el rol de los espíritus malignos podría variar según la jerarquía a la que pertenecen, en el evangelio de Marcos este no es un punto al que se le presta atención. Se podrían describir o inferir

---

[86] Frimpong, "Mark and spirit possession", 84.

[87] Maggi, *Jesús y Belcebú*, 157.

[88] Rescio, "Demons and Prayer", 69. Un complemento a este punto es la descripción de Mt 12:43-45 y Lc 11:24-26, en referencia a un espíritu inmundo que sale de una persona y toma "otros siete espíritus peores que él" (ἑπτὰ ἕτερα πνεύματα πονηρότερα ἑαυτου) con quienes entra de nuevo en la víctima y empeoran su condición inicial. La expresión "peores que" o "más malos" (πονηρότερα, Mt 12:45; Lc 11:26) podría sugerir que existen "grados de maldad" o "clases de espíritus" con *roles distintos de maldad*.

algunos aspectos de la organización anti-divina en otras fuentes, pero como se presenta en Marcos, es imposible decir algo exhaustivo o concluyente sobre el asunto. La autoridad de Jesús es suficiente para confrontar cualquier nivel de la jerarquía de los ejércitos de Satanás. Entonces, intentar describir una jerarquía sería algo inexacto en razón de la excesiva especulación.[89]

El rol de los demonios y su importancia en la teología de Marcos

Después de analizar estos textos del evangelio en conexión con cap. 2 de esta investigación, se puede afirmar que la demonología de Marcos no proporciona materiales para una discusión sobre el origen de los demonios.[90] La concepción de espíritus inmundos o demonios como "los espíritus de los muertos" tampoco se encuentra en el evangelio.[91] El evangelista los presentó simplemente como servidores de Satanás, como manifestaciones

---

[89] Rosenberg, *The Representation and Role of Demon Possession*, 100. "En el evangelio de Marcos, el sistema demonológico es relativamente simple. Sin mucha atención a las relaciones entre las fuerzas malignas, Satanás es el jefe de los espíritus malignos". Van Oyen, "Demons and Exorcisms in the Gospel of Mark", 105. "Aunque el NT menciona alguna jerarquía de las huestes satánicas (Ef 1:21, 6:12), la denominación πνεῦμα ἀκάθαρτος ("espíritus inmundos") o δαιμόνια ("demonios") en referencia a los espíritus protagonistas de estos relatos, califica las cualidades morales y espirituales inherentes a cualquiera de ellos". Almeida de Paula, "Expulsão de demônios no Novo Testamento", 120-122. No se conoce el orden preciso ni los rangos o clases de demonios, pero se puede afirmar que existen varios tipos de poderes espirituales malignos con cierta superposición entre ellos (1 Co 15:24). B. J. Oropeza, *99 Answers to Questions about Angels, Demons, and Spiritual Warfare* (Downers Grove: InterVarsity, 1997, versión Kindle).

[90] Louis Matthews Sweet, "Demon, Demoniac, Demonology", *The International Standard Bible Encyclopaedia*, Morris O. Evans, ed. (Grand Rapids: Eerdmans, 1939), 2:828.

[91] Esta idea persistía en el siglo I, y Flavio Josefo los concibió así: "*Los malos espíritus de los hombres*, que por otro nombre se llaman *demonios*, cuando han entrado en el cuerpo de algún hombre, lo atormentan de tal manera que lo matan si no lo socorren". Flavio Josefo, *Guerra de los Judíos y destrucción del Templo y ciudad de Jerusalén* (Barcelona: Iberia, 1961), 2:225.

particulares del mal en el mundo que es hostil a Dios.⁹² Lo que sí es viable es la identificación de *los roles que desempeñan*.

Marcos operó desde la perspectiva común del mundo antiguo en la que los demonios eran literalmente seres sobrenaturales inteligentes no corporales, con la capacidad de habitar dentro de los cuerpos de los seres humanos y de animales vivos. Rosenberg observa que entre sus roles están: Afligir a sus víctimas (que vagan, deliran y abusan de sus propios cuerpos), provocar enfermedades y destruir (inducir suicidios y homicidios). Aunque el evangelio no presenta los detalles sobre otros roles (en comparación con las descripciones encontradas en otras fuentes del Segundo Templo), se puede asumir que su audiencia tendría una idea de ellos.⁹³

En el relato de la tentación de Jesús (Mr 1:12-13) el rol de Satanás como "el tentador" es similar al rol que junto con sus espíritus malignos desempeña en la literatura apocalíptica judía (donde es conocido también con otros nombres). El rol de Satanás fue "tentar" a Jesús para desviarlo de su misión. En el resto de la narrativa se observa *la incidencia de este rol* de parte de los escribas y fariseos (como agentes de Satanás), quienes tentaban a Jesús para desviarlo de la fidelidad al proyecto de Dios.

En el relato del exorcismo en la sinagoga (Mr 1:21-28) se destaca que los espíritus inmundos conocían el propósito de la misión de Jesús, quien llegó para destruirlos (v. 24). La forma en

---

⁹² Dunn y Twelftree, "Demon-Possession and Exorcism in The New Testament", 216. En el NT Satanás es el jefe de los demonios y ejerce dominio sobre el mundo. Junto con sus subalternos, son capaces de infligir daño. Muchos de los roles de los espíritus malignos descritos en los textos de Qumrán son los mismos que desempeñan en el NT. Satanás es responsable de la tentación (Mt 4:1-11; Mr 1:13; Lc 4:1-13; 1 Co 7:5; 2 Co 2:11, 11:3, 14; 1 Tes 3:5), él es el autor del engaño y la ceguera espiritual (Hch 5:3, 13:20; 2 Co 2:11, 4:4, 11:14; 1 Tim 5:15) y se opone directamente o dificulta la difusión del Evangelio (Mr 4:15; Lc 8:12; 1 Tes 2:18). Ejerce el control sobre un reino (βασιλεία, Mt 12:26; Lc 11:17-18) que incluye a otros espíritus malignos o demonios que afligen a la humanidad. Paul Middleton, "Overcoming the Devil in the Acts of the Martyrs" en *Evil in Second Temple Judaism and Early Christianity*, Chris Keith y Loren T. Stuckenbruck eds. (Tübingen: Mohr Siebeck, 2016), 368.

⁹³ Rosenberg, *The Representation and Role of Demon Possession*, 97-98. Para conocer sobre el tema de las connotaciones sexuales del rol de los demonios, véase Ibíd., 30-33.

que la controversia sobre Beelzebú involucra a los familiares de Jesús (3:21, 31-35) sugiere que el narrador pretendía que los lectores vieran el paralelo entre las reacciones de la familia de Jesús y las de los escribas (vv. 22, 30). Ambos grupos se oponían a Jesús. El rol de oposición a Jesús se manifestó también entre sus seguidores más cercanos (8:31-33). Entonces, *evitar que Jesús cumpliera con su misión fue un rol satánico*. Pero, ¿cuál es específicamente la misión de Jesús? Más adelante Jesús lo expresó claramente: "dar su vida *como rescate* por muchos" (10:45b).

La parábola del hombre fuerte muestra que la evidencia implícita más obvia del rol satánico en el evangelio de Marcos es la posesión demoníaca (Mr 3:27). Otros relatos muestran que "destruir la vida de aquellos que poseen" (5:3-5, 9:22) es un rol característico de los espíritus inmundos. El ejército de espíritus de Satanás entra y controla vidas humanas a lo largo de la narrativa, lo cual indica que *Satanás retiene una medida de su fuerza*. Otro rol de Satanás consiste en "arrebatar" inmediatamente el mensaje de Jesús en cuanto es anunciado (4:3-4, 14-15). Y en continuidad con la corrupción del Templo descrita en Mal 1-3, Jesús también echó fuera a los que habían corrompido el Templo y su culto (Mr 11:15). La corrupción del Templo y el culto a Dios es otro rol de Satanás y los demonios.

Ahora bien, *¿por qué Marcos dedicó tanto tiempo y espacio a los demonios y exorcismos?* ¿Fue debido a que la fe en Jesús dependía de su poder como hacedor de maravillas? O, ¿estaba tratando de convencer al pueblo de que Jesús podía superar cualquier obra de los magos paganos? Se podría pensar que Jesús echaba fuera demonios principalmente para probar sus credenciales y demostrar que su enseñanza era creíble, bien autenticada y aprobada por Dios. Pero este no fue el enfoque de Marcos. El significado era más profundo, como un aspecto integral y esencial de la buena noticia.[94]

El énfasis de Marcos en Jesús como exorcista es único en comparación con el evangelio de Mateo y el de Lucas, en los que el

---

[94] O'Shea, "The Mind and Message of Mark", 2017, http://evangelisationbrisbane.org.au/assets/uploads/the-mind-message-of-mark.pdf (10 de febrero de 2019).

ministerio de sanidad de Jesús es la contraparte clave de su enseñanza, en lugar de los exorcismos. Además, mientras que Mateo colocó la genealogía de Jesús y Lucas la narración de su nacimiento al inicio de su evangelio, Marcos colocó el conflicto de Jesús con Satanás en el desierto, y la controversia sobre Beelzebú como el primer discurso de Jesús.[95] Bill O'Shea indica que:

> Si Marcos comprendió todo el ministerio de Jesús en términos de anunciar y establecer el Reino de Dios, entonces, de alguna manera, los exorcismos que ocupan tanto espacio en el evangelio, deben tener una conexión cercana con la venida del Reino. Tuvieron el efecto de llevar a algunos al arrepentimiento y a creer en Jesús... Pero este no fue el vínculo principal entre los exorcismos y la venida del Reino. Dios se revela a sí mismo tanto en hechos como en palabras. El ministerio de Jesús fue la ilustración perfecta de esta verdad y Marcos estaba muy consciente de ello. Los exorcismos que hizo Jesús, al menos tanto como su enseñanza, deben ser vistos como un medio que utilizó para revelar, proclamar y establecer el Reino de Dios. Fueron las armas que usó para vencer a Satanás y su poder.[96]

---

[95] Shively, *Apocalyptic Imagination*, 155. Hedrick expone su postura en relación a las causas por las que el evangelio de Juan no informa sobre exorcismos o incidentes de posesión de demonios. Este autor concluye que Juan rechazó la idea de la posesión demoníaca y que la visión de Marcos sobre este tema no es esencial para la fe cristiana contemporánea. Véase Hedrick, "Miracles in Mark", 310-312. Este punto de vista implicaría una contradicción entre la teología de Juan y la de Marcos, puesto que el despojo de las posesiones de Satanás continúa hasta el establecimiento total del Reino de Dios.

[96] O'Shea, "The Mind and Message of Mark", 2017, http://evangelisationbrisbane.org.au/assets/uploads/the-mind-message-of-mark.pdf (10 de febrero de 2019). "El tema de los demonios y los exorcismos en el evangelio de Marcos sigue siendo un elemento atractivo. Involucra preguntas variadas considerando: El escenario cultural, mítico y antropológico de los demonios; la intención redaccional y teológica del evangelista; la relevancia intercultural; el significado narrativo; la relación con otros escritos bíblicos y no bíblicos; el sistema de los demonios; y el problema hermenéutico del significado del bien y del mal para los lectores modernos. Otros aspectos se centran en lo político, lo

A partir del primer pecado del hombre, Satanás ha mantenido cierto dominio sobre la humanidad y la naturaleza. Marcos entendió que la misión de Jesús al proclamar y dar inicio a la instauración del Reino de Dios implicó necesariamente un asalto directo al reino de Satanás. Las fronteras del imperio satánico fueron empujadas cada vez más hacia atrás y los exorcismos fueron las armas principales que Jesús utilizó para ello. Marcos enfatizó la posesión demoníaca porque esa es la señal más obvia del dominio de Satanás. Los exorcismos son una clara señal de la ruptura del control de Satanás en la creación.[97]

La importancia de los exorcismos en Marcos se muestra en su número, énfasis y prioridad en el ministerio de Jesús. Estos poseen *un significado único* que apunta hacia la realización final del Reino de Dios al vencer todo lo demoníaco, liberando a los hombres de las fuerzas opresivas y terminando con la aflicción, la destrucción y la muerte. Los relatos revelan una batalla apocalíptica en la que los poderes malignos son silenciados y desalojados. La victoria implícita de Jesús sobre Satanás (Mr 1:13) y el restablecimiento de la armonía cósmica declaran su capacidad para "atar al hombre fuerte" (3:27).[98]

Conclusiones

¿Cuál es *el significado* o *explicación* de estos relatos de demonios y exorcismos y cuál es *su propósito* en la teología de Marcos? En cap. 3 de esta investigación se indica que la intención de Marcos fue aclarar que Jesús es el Hijo de Dios que vino al mundo y que los milagros que realizó significaron la venida del Reino de Dios con el perdón de los pecados y la expulsión de lo

---

psicológico y lo social de los exorcismos". Van Oyen, "Demons and Exorcisms in the Gospel of Mark", 99-100.

[97] James LaGrand considera que "toda enfermedad es un desorden en la creación de Dios, pero la posesión de demonios es una manifestación aguda del desorden universal". LaGrand, "The First of the Miracle Stories", 481.

[98] Dorothy A. Lee, "'Signs and Works': The Miracles in the Gospels of Mark and John", *Colloqutum* 47/1 (2015): 97.

demoníaco. Marcos pretendió que los relatos de milagros y exorcismos probaran que Jesús es el Cristo y el Hijo de Dios y por ello dejó de ellos clara constancia. La lucha escatológica de Jesús contra los demonios se identificó con el arribo del Reino. El conocimiento de la identidad de Jesús por parte de los demonios (Mr 1:24, 3:11, 5:7) está inserto desde un comienzo del evangelio y responde al pensamiento apocalíptico según el cual la identidad divina del Hijo de Dios fue reconocida en los cielos. En contraste, en el ámbito terreno, los hombres estaban cegados y no reconocían la verdadera identidad de Jesús ni el misterio del Reino de Dios (4:11).[99]

Entonces, *el primer significado* o *explicación* de los exorcismos presentado en este evangelio es la propia visión de Marcos: Su concepción de estos como parte de una lucha cósmica entre las fuerzas de la justicia y el mal, cuya resolución se esperaba en aquella época. En este sentido, la "autoridad" de Jesús tenía un rol significativo. El término ἐξουσία fue utilizado por el evangelista para caracterizar el milagroso ministerio de Jesús, autoridad que también proporcionó a sus discípulos. El término se refiere principalmente al ministerio de Jesús en su interacción con el pueblo. Dado que la misión de Jesús fue establecer el Reino, Él tenía la autoridad y el poder de Dios para hacerlo.[100]

Los dirigentes del Templo de Jerusalén rechazaron la autoridad de Jesús (Mr 11:15-19, 27-33) y Marcos predijo su destrucción y la formación de una nueva comunidad alrededor de Jesús, quien se convertiría en la piedra angular (12:10-11, 14:58). El evangelista relacionó este trabajo de disolución y reconstitución (3:20-35) revelando sus dimensiones cósmicas: Que Jesús saquea la

---

[99] "La identidad de Jesús no podía entenderse sin la cruz, y la cruz no podía entenderse sin la resurrección". Keener, "El Evangelio de Mateo" (módulo de maestría dictado en el Seminario Teológico Centroamericano, Guatemala, 11 de julio de 2019).

[100] "Los demonios, las enfermedades y las tormentas, se sometieron a la autoridad de Jesús. El hombre tiene la opción de hacerlo, pero debería hacerlo". Keener, "El Evangelio de Mateo" (módulo de maestría dictado en el Seminario Teológico Centroamericano, Guatemala, 8 de julio de 2019).

casa de Satanás para rescatar a los cautivos (v. 27) y establece una nueva familia con aquellos que hacen la voluntad de Dios (v. 35).

Así como Israel (hijo de Dios) fue probado en el desierto durante el evento del Éxodo, así Jesús (el Hijo de Dios) fue llevado al desierto donde fue tentado. Marcos no especificó que Jesús emergió como el ganador en esa batalla. Esto fue un indicativo de la victoria progresiva de Jesús sobre Satanás (Sal 91:11-13) que se definió más adelante (Mr 3:27). Mientras que Isaías presenta al Señor (κύριος) como el Fuerte de Jacob que rescata a Israel de los poderes políticos, Marcos presenta a Jesús como "el más fuerte" que *rescata* a la humanidad de un hombre fuerte cósmico. En este sentido, *el segundo significado* o *propósito* presentado en este evangelio sobre los exorcismos es el que Jesús explicó en "la parábola del hombre fuerte": Rescatar al hombre de la esclavitud de Satanás (v. 27). Esto se conecta con el pasaje del AT al que Jesús hizo alusión (Is 49:24-25).

La parábola del hombre fuerte en Mr 3:27 no denota que el poder de Satanás haya terminado, pero describe metafóricamente la forma en que su poder está siendo vencido. La evidencia implícita más obvia del rol satánico en el evangelio de Marcos es la posesión demoníaca. Aunque los exorcismos se mencionan con mucha más frecuencia que cualquier otro tipo de acto poderoso (1:21-28, 34, 39, 3:10-11, 15, 5:1-20, 6:7-13, 7:24-30, 9:14-29), esta es la única ocasión en la que *Jesús explicó el significado de sus exorcismos*. Estos, al menos tanto como su enseñanza, deben ser vistos como un medio que utilizó para revelar, proclamar y establecer el Reino de Dios. Fueron las armas que usó para vencer a Satanás y su poder.

Asimismo, la controversia sobre Beelzebú es importante porque ejemplifica que la oposición al cumplimiento de la misión de Jesús, tanto de sus familiares (Mr 3:21, 31-35) como de los escribas (vv. 22, 30) es un rol demoníaco en el evangelio. La oposición a Jesús por parte de los escribas, fariseos y otras autoridades es *un punto incidente en la narrativa de Marcos* que implica una pelea cósmica entre Satanás y Dios (vv. 22, 28-30) y una lucha teológica entre la tradición humana y la Palabra de Dios (7:13). En todos estos relatos, ningún ser humano fue una cancelación en los cálculos de Jesús, quien *demostraba compasión por los necesitados*. Para Él las personas fueron lo más importante. En lugar de evitar los incidentes, Jesús se puso del lado de los hombres miserables en una escalada de confrontación espiritual. A Él no le importó herir algunas "sensibilidades" sino las necesidades de las personas y su liberación espiritual.

Capítulo 5

APLICACIONES PARA LA IGLESIA ACTUAL

En este capítulo se determinan las aplicaciones y el reto que el rol de los demonios implica para la Iglesia actual y las conclusiones de la investigación. Una mirada a los primeros capítulos del evangelio de Marcos muestra cuán importante para el narrador fue el tema de la confrontación con los poderes del mal. Satanás no está dispuesto a renunciar a su dominio sobre el hombre y la naturaleza sin presentar oposición. Es algo que no se debe ignorar ya que esto significaría desechar una de las ideas clave del evangelio. Por el contrario, es una realidad que se debe aceptar y reflexionar sobre sus implicaciones para el seguimiento de Cristo.[1] Una actitud compasiva y responsable del ministerio cristiano debería estar consciente de la necesidad de la expulsión de espíritus inmundos y de contrarrestar las formas del mal que se manifiestan en la sociedad del siglo XXI.

¿Por qué Dios permite que los espíritus malignos estén activos?

Marcos interpretó la continuidad salvífica de Dios en términos isaiánicos y eso es lo que se percibe en los exorcismos de Jesús, quien fue el inaugurador de los últimos tiempos ("el Reino de los cielos se ha acercado", Mr 1:15). Jesús visualizó el AT desde esa perspectiva que iluminó el significado de las profecías que se cumplieron en Él, por lo que la interpretación escatológico-profética de Marcos es eminentemente *tipológica*.

---

[1] Bill O'Shea, "The Mind and Message of Mark", 2017, http://evangelisationbrisbane.org.au/assets/uploads/the-mind-message-of-mark.pdf (10 de febrero de 2019).

Se observa una historia de la salvación paralela con algunos eventos del pasado, que permite interpretar unos a la luz de los otros, como en los casos estudiados (Éx 23:20; Mal 3:1; Is 40:3 en Mr 1:2-3; Is 49:24-25 en Mr 3:27). Entonces, en la lucha implícita en el proceso del establecimiento del Reino de Dios hasta su futuro final, *los espíritus malignos protagonizan un rol de oposición, y esa es la razón escatológica por la que Dios permite que sigan aún activos*. Así, se propone que podrían existir otras razones complementarias que se encuentran en el libro de Jueces, dando continuidad a la cita de Éx 23:20 y su conexión con Mr 1:2. La vinculación de estas citas es hermenéuticamente significativa, ya que evoca el rol positivo de la dialéctica del juicio y la restauración.[2] Se muestra el siguiente panorama.

En el contexto de Éx 23:20-23, Yahvé ("el Señor", κύριος) habló con Moisés en el Monte Sinaí. Él prometió enviar su ángel ("mensajero", מלאך, ἄγγελος) para llevar a Israel a la tierra prometida de Canaán (LXX Rahlfs): "He aquí, envío un mensajero delante de ti (καὶ ἰδοὺ ἐγὼ ἀποστέλλω τὸν ἄγγελόν μου πρὸ προσώπου σου) para protegerte en el camino y para traerte a la tierra que te he preparado" (v. 20). "Atiéndelo y escucha su voz y no le desobedezcas; porque no perdonará tus pecados, pues mi nombre está en él" (v. 21). "Pero si oyeres su voz e hicieres todo lo que yo te mandare, contrariaré a tus enemigos y oprimiré a tus opresores" (v. 22).[3] "Porque mi ángel te conducirá e introducirá al amorreo, heteo, ferezeo, cananeo, gergezeo, heveo y jebuseo; y los destruiré (v. 23).

El evangelista, al hacer eco de LXX Éx 23:20 en Mr 1:2, insinuó ingeniosamente que Juan el Bautista no era solo una voz de juicio (como la alusión a LXX Mal 3:1 podría sugerir) sino también el precursor de *una nueva entrada a la tierra de la promesa*. "Envío un mensajero delante de ti" es una promesa que significa protección, dejar de vagar por el desierto, e implica victoria. También sugiere que el progreso del "Evangelio de Dios" en el mundo puede ser como *la ocupación de Canaán*, el comienzo de una campaña contra *las fuerzas hostiles que ahora poseen la tierra*. Esta sugerencia está

---
[2] Richard B. Hays, *Echoes of Scripture in the Gospels* (Waco: Baylor University Press, 2016, versión Kindle).
[3] Ibíd.

ampliamente confirmada por la narrativa que sigue, en la que Jesús lanzó una ofensiva contra los poderes demoníacos que percibieron inmediatamente que Él había venido para destruirlos (Mr 1:24, 3:23-27, 5:1-20).[4]

Es factible hacer una conexión entre lo anterior y caps. 2-3 de Jueces que describen la reiterada infidelidad y desobediencia de Israel, e indican que hubo naciones que Dios *no echó de la tierra*, como medida correctiva para Israel. "Y yo dije: 'No los echaré de delante de vosotros y serán vuestra *angustia* (συνοχή) y sus dioses serán vuestra *ruina*'" (מוֹקֵשׁ, "trampa"; σκάνδαλον, Jue 2:3). Para "probar" (נסה, πειράζω, vv. 22-23, 3:1, 4) a Israel, y para que "conociera" (ידע, γινώσκω) *la guerra* (vv. 1-2). Aquí, el propósito definido de Yahvé ("el Señor") fue "probar" la obediencia de Israel a los mandamientos dados por Moisés. La desobediencia llevó al pueblo de Dios aún a servir a los dioses de los moradores de esa tierra, a pesar de la advertencia contra la idolatría manifiesta en 2:2.

La tipología permite concluir que Satanás y sus espíritus malignos están en el proceso de su destrucción mientras el Reino de Dios se establece. Jesús dio inicio a esta etapa germinal dirigida hacia un futuro en el que se realizará plenamente.[5] Entonces, en este proceso, los espíritus malignos *han estado y siguen activos* en la soberanía y bajo el control de Dios, para el cumplimiento de sus propósitos, como medidas preventivas (2 Co 12:7) o correctivas (Heb 12:5-8) para el cristiano, como prueba de su obediencia (vv. 9-11) y para que "conozca la guerra" (Ef 6:12-13). Los pasajes del libro de Jueces aportan estos elementos que son importantes como aplicaciones para la Iglesia en el proceso de la salvación y la madurez.

El escepticismo sobre la existencia de los demonios

Al leer el evangelio Marcos de forma narrativa, el lector no se ve obstaculizado con la pregunta de si los demonios existen. El

---

[4] Ibíd., 23.
[5] Juan Antonio Estrada, "Las relaciones Jesús-pueblo-discípulos en el evangelio de Marcos", *Estudios Eclesiásticos* 54 (1979): 155.

lector sin prejuicios simplemente acepta que estos seres forman parte de la realidad de los relatos. A primera vista, esto no es una actitud fácil de adoptar para algunos lectores racionalistas del siglo XXI, ya que pueden intuitivamente preferir no pensar en la existencia de los demonios. Esto, sin embargo, estaría en completo desacuerdo con la perspectiva de Marcos. La única forma en que algunos académicos pueden superar esta dificultad es encontrar cómo se entreteje el significado de los demonios en la unidad temática del evangelio en su conjunto.[6] Emmanuel Kwabena Frimpong observa que:

> Entre los estudiosos hay quienes opinan que los demonios no existen, y si existieron, fue en el tiempo de Jesús, no ahora. Hay otros que intuyen que las personas (durante el tiempo de Jesús) explicaron ciertos fenómenos en referencia a los demonios, pero sugieren que en esta era contemporánea existe la necesidad de buscar en otro lugar las causas de tales fenómenos. Ellos ofrecen interpretaciones psicológicas, sociológicas o filosóficas del rol de los demonios y de los poderes espirituales malignos. Por otro lado, otros sostienen que en el mundo antiguo, los demonios y otros poderes espirituales existieron y que todavía están operando, por lo que hay necesidad de combatirlos.[7]

---

[6] Geert Van Oyen, "Demons and Exorcisms in the Gospel of Mark" en *Demons and the Devil in Ancient and Medieval* Christianity, Nienke Vos y Willemien Otten eds. (Leiden: Brill, 2011), 103. "El autor de Marcos asumió que su audiencia entendería la idea de posesión, un supuesto que no necesariamente es cierto para las audiencias modernas". Eliza Margaret Rosenberg, *The Representation and Role of Demon Possession in Mark* (Ottawa: Heritage Branch, 2007), *i*.

[7] Emmanuel Kwabena Frimpong, "Mark and spirit possession in an African context" (Tesis Ph.D., University of Glasgow, 2006), 1. Craig S. Keener cita algunos encuentros de poderes entre misioneros y espíritus malignos locales que han persistido a través de la historia. John Wesley conoció esa realidad y expulsó a los espíritus, al igual que muchos de sus seguidores. Un exorcismo a través de Johann Christoph Blumhardt, pastor luterano del siglo XIX, impactó la región de Möttlingen, Alemania. Más tarde, Karl Barth usó este relato de exorcismo como modelo del triunfo de Cristo sobre el mal. Craig S. Keener,

Aplicaciones para la Iglesia actual

Algunos eruditos del NT a menudo han tratado la posesión de espíritus como una antigua creencia mediterránea (o incluso del cristianismo temprano) aislada de los aparentes fenómenos análogos de hoy. Aunque ciertos estudiosos de los evangelios han observado similitudes actuales, la mayoría no están familiarizados con la voluminosa documentación antropológica de los relatos equivalentes en la actualidad. Los relatos de posesión de espíritus son una experiencia intercultural bastante extendida. A menudo se expresan e interpretan de maneras culturalmente específicas, pero los casos en sí *aparecen ampliamente*, lo cual advierte contra *el escepticismo* ante dicha realidad.[8] Craig S. Keener afirma que:

"Crooked Spirits and Spiritual Identity Theft: A Keener Response to Crooks?", *The Journal of Mind and Behavior* 39/4 (2018): 358. En relación al tema "antropología de creencias y prácticas de posesión espiritual y exorcismos en la actualidad" véase Apéndice B "Spirit Possession and Exorcism in Societies Today", del libro Craig S. Keener, *Miracles: The Credibility of the New Testament Acccounts* (Grand Rapids: Baker, 2011), 2:788-856. Tocante a los milagros contemporáneos, el mismo autor expone que existe una laguna a nivel académico. Muchos estudios se han centrado en cuestiones filosóficas, exegéticas y recientemente históricas, pero pocos toman en cuenta la relevancia de la gran cantidad de milagros ocurridos en todo el mundo. La situación actual es muy diferente de cuando David Hume, filósofo del siglo XVIII, afirmó que los milagros eran contrarios a la experiencia humana o incluso cuando los reportes modernos que se asemejan a la mayoría de los relatos de milagros en los evangelios, eran desconocidos por la mayoría de los eruditos bíblicos de mediados del siglo XX. La tesis principal de Keener es que "testigos oculares presentan afirmaciones de milagros", una tesis bastante simple, pero a veces descuidada cuando los académicos se acercan a los relatos de los evangelios. Su tesis secundaria es que "las explicaciones sobrenaturales deberían ser consideradas en la mesa académica junto con otras explicaciones a menudo discutidas". Keener, *Miracles*, 1:1.

[8] Craig S. Keener, "Spirit Possession as a Cross-cultural Experience", *Bulletin for Biblical Research* 20/2 (2010): 216. No hay un consenso sobre el tema de Satanás y sus huestes. "Por un lado están aquellos que sobredimensionan el asunto, atribuyendo todas las circunstancias adversas a estos personajes, a tal punto que quitan toda responsabilidad sobre los hombros de los cristianos y la traspasan a Satanás o a sus demonios. Por otro lado, algunos, con el afán de oponerse a este punto de vista exagerado, terminan por negar la existencia de estos seres o por anular su influencia sobre la humanidad y los cristianos". Carlos Alberto López, "Satanás y sus huestes en Efesios: Un acercamiento exegético y

Aunque las expresiones particulares varían entre una cultura y otra, los antropólogos han documentado alguna forma de relatos de posesión en la gran mayoría de las culturas del mundo estudiadas. Han ocurrido ampliamente en más allá de una cultura particular, lo cual advierte en contra de asumir que son generados únicamente a partir de un marco cultural particular (por ejemplo, el judaísmo temprano o el helenismo) aunque los contextos antiguos como estos son los contextos

---

teológico", *Kairós* 47 (julio-diciembre 2010): 46. Aunque algunos ven espíritus en muchos más lados de los que las Escrituras advierten, la mayoría de los cristianos occidentales probablemente reconocen las realidades espirituales mucho menos de lo que ellas sugieren. Craig S. Keener, *Hermenéutica del Espíritu. Leyendo las Escrituras a la luz de Pentecostés* (Salem: Kerigma, 2017), 118. La referencia a los textos bíblicos muestra que es obvio que los autores de los evangelios, los apóstoles, los escritores de las epístolas, y Jesús mismo, realmente creyeron en la existencia personal de Satanás y los espíritus malignos. No tenían ninguna duda sobre este asunto. Por lo tanto, es una actitud inadecuada, e incluso deshonesta, elegir en las Escrituras solo los pasajes que son agradables, los que están de acuerdo con la opinión personal o una forma de pensar particular, y evitar o eliminar aquellos que parecen desagradables. Cyrille Argenti, "A Meditation on Mark 5:1-20", *The Ecumenical Review* 23/4 (1971): 398. Al considerar los enfoques de otras culturas se debe actuar con cautela respecto de los propios prejuicios, ya que la subjetividad personal hace difícil una actitud neutral. Keener, "Crooked Spirits and Spiritual Identity Theft?", 348. Esta subjetividad se podría manifestar también en la forma de interpretar el texto bíblico. Hay ocasiones en las que se es víctima de *la heurística del afecto:* "Cuando se evalúa algo con lo que se está de acuerdo, se tiende a reducir sus riesgos y costos y a exagerar sus beneficios. Cuando se evalúa algo con lo que no se está de acuerdo, se hace lo contrario". Daniel Kahneman, Dan Lovallo y Olivier Sibony, "Antes de tomar una gran decisión...", *Harvard Business Review América Latina* (junio 2011): 6. Keener testifica que los occidentales a menudo han cambiado sus paradigmas solo después de una lucha con una disonancia cognitiva significativa. Por ejemplo, muchos de los primeros misioneros presbiterianos en Corea aprendieron en el seminario que los espíritus no eran reales, pero la mayoría llegó a creer lo contrario en el contexto del ministerio junto con los creyentes nativos. Asimismo, añade que "sus propias experiencias y las de su familia en África lo han obligado a lidiar con algunas realidades espirituales hostiles a las que preferiría no haber estado expuesto". Keener, "Crooked Spirits and Spiritual Identity Theft?", 355.

primarios para entender las interpretaciones del NT de los reportes concretos.⁹

El hecho que Jesús echara fuera demonios implica que el Reino de Dios se empezó a convertir en una realidad entre los seres humanos. Cada exorcismo es un despojo adicional de los bienes de Satanás e implica su derrota. Considerando esto y los relatos documentados actualmente por los antropólogos en la mayoría de culturas, surgen algunas preguntas importantes para la vida contemporánea: ¿Qué desafíos plantean estos casos de posesión a la Iglesia en el siglo XXI? Como agente de Jesús y heredera de este

---

⁹ Keener indica que John Mbiti, un estudioso de las religiones africanas, afirma que las manifestaciones de las posesiones de espíritus en muchas sociedades en África difícilmente sorprenderían a los lectores del evangelio de Marcos, donde una persona controlada por espíritus puede vivir fuera de la sociedad (Mr 5:3), herirse a sí mismo con piedras (v. 5) o echarse en el fuego y en el agua (9:22). De manera similar, hay casos en ese continente en los que la posesión de espíritus impulsa a las personas a vivir en el bosque, a saltar al fuego o a usar objetos afilados para lastimarse. Keener, "Spirit Possession", 217, 232-233. Para tener un panorama general de las concepciones recientes sobre las manifestaciones demoníacas en el contexto africano y guatemalteco, véase Zorodzai Dube, "Casting Out Demons in Zimbabwe: A Coded Political Posturing", *Exchange* 41 (2012): 352-363; Deji Ayegboyin, "'Heal the Sick and Cast out Demons': The Response of the Aladura", *Studies in World Christianity* 10/2 (2004):233-249; Jörg Haustein, "Embodying the Spirit(s): Pentecostal Demonology and Deliverance Discourse in Ethiopia", *Ethnos* 76/4 (2001): 534-552; Olugbenga Oiagunju, "Jesus' Healing Miracles in Mark 7:31-37 in an African Context", *Ogbomoso Journal of Theology* XVIII (2013): 67-97; Kevin Lewis O'Neill, "Pastor Harold Caballeros Believes in Demons: Belief and Believing in the Study of Religion", *History of Religions* 51 (2012): 299-316. "Algunos intérpretes han visto los exorcismos del NT (especialmente los de Marcos) en términos sociológicos o políticos". Rosenberg, *The Representation and Role of Demon Possession*, 3. Entre estos autores hay quienes intentan explicar que las manifestaciones demoníacas son parte de las protestas contra las diferencias en las clases sociales, la explotación económica, la opresión política, las guerras civiles, etc. Sin embargo, este tipo de interpretaciones no fueron el punto de vista de Marcos ni su apreciación del rol de los demonios en su teología. Aunque los poderes malignos que obran en detrimento de la sociedad, son la causa de muchos de estos problemas, la transformación de las estructuras sociales no se logra a través de protestas en forma de "manifestaciones demoníacas" y es incongruente pensar que este sea el propósito de las mismas.

legado, ¿debería la Iglesia seguir embarcándose en este ministerio?[10] Bill O'Shea pregunta y reflexiona acerca de esto:

> ¿Se pueden encontrar algunas implicaciones para la vocación cristiana? Seguramente debe haberlas, porque Marcos no escribió su evangelio solo para proporcionar información interesante a sus lectores o para satisfacer su curiosidad. Su objetivo fue presentar el ministerio de Jesús de tal manera que *los desafiara a la fe y a la acción*. Pero tal vez su énfasis en los demonios y sus poderes refleje una visión anticuada del mundo que no puede decir mucho al hombre moderno. Sería un golpe devastador para el valor de este evangelio si se adoptara esta postura, porque este tema es una parte muy importante de la presentación de Jesús en Marcos.[11]

Por ejemplo, el relato del endemoniado gergeseno es un testimonio de la autoridad divina de Jesús, pero también un testimonio de *su misión*. Nadie, no importa cuán desesperada sea su situación, no importa cuán humilde sea la persona en la escala social, y no importa cuán invisible sea esa persona dentro de la sociedad, nadie debería ser olvidado.[12] En este relato se observa que al final se invirtieron los roles: Jesús se retiró (Mr 5:21) pero antes dejó al ex-endemoniado "convertido" con la tarea de difundir su testimonio (vv. 19-20) y con el rol de *enfrentarse a la oposición*. Jesús, el Hijo de Dios, está liberando a la humanidad de los demonios, y quizá, por extensión, al cosmos. El evangelio ilustra los comienzos de ese proceso en el ministerio terrenal de Jesús y sugiere que sus efectos están en curso y se completarán en la conclusión del despliegue escatológico.[13] Ahora, el creyente es el delegado a continuar con esta *misión de rescate*.

---

[10] Frimpong, "Mark and spirit possession", 3, 88-89.
[11] O'Shea, "The Mind and Message of Mark", 2017, http://evangelisationbrisbane.org.au/assets/uploads/the-mind-message-of-mark.pdf (10 de febrero de 2019).
[12] Teresa Calpino, "The Gerasene Demoniac (Mark 5:1-20): The pre-Markan Function of the Pericope", *Biblical research* 53 (2008): 23.
[13] Eliza Margaret Rosenberg, *The Representation and Role of Demon Possession in Mark* (Ottawa: Heritage Branch, 2007), 97.

El cristiano puede esperar la liberación efectiva de un estado espiritualmente enraizado en una persona, a través de un exorcismo, en al menos algunas ocasiones.[14] Si una condición es el resultado de alguna esclavitud demoníaca en particular, entonces alguien que está empoderado por el Espíritu Santo debe ser capaz de efectuar la expulsión, así como lo hizo Jesús. Los creyentes individuales deben estar abiertos a la posibilidad de enfrentar estas situaciones, y la Iglesia debería capacitarlos para ello. La liberación de los cautivos sigue siendo un signo de lo que Dios quiere para los hombres y para su creación.[15] Cuando Jesús envió a sus discípulos a predicar el Evangelio, los comisionó también para echar fuera demonios (Mt 10:1, 8; Mr 3:14-15, 6:7, 12-13; Lc 10:17; cf. Jn 14:12).[16]

Una actitud equilibrada implica evitar a toda costa la postura especulativa y supersticiosa, en la misma medida en que se debe

---

[14] Los demonios operan desde dos posiciones: Desde *afuera* del cuerpo de la víctima y desde *adentro* del cuerpo. Si operan desde afuera, hay que resistirlos (ἀνθίστημι, Stg 4:7; 1 P 5:8-9). En la soberanía, propósito y control de Dios, hay casos especiales, como lo experimentó Pablo (2 Co 12:7-9). Si operan desde adentro, es necesario expulsarlos. Keener explica que "puede haber diferentes grados de control satánico sobre las personas. Pedro estuvo solo 'influenciado' por Satanás, pero Judas sí estuvo 'poseído' totalmente". Craig Keener, "El Evangelio de Mateo" (módulo de maestría dictado en el Seminario Teológico Centroamericano, Guatemala, 11 de julio de 2019). Abelardo Pérez Ruiz, en base a su experiencia personal como exorcista, afirma que "a Satanás se le abren incontables puertas, dada la frecuencia con la que tantas personas recurren a las prácticas de brujería". Abelardo Pérez Ruiz, entrevista personal, Guatemala, 13 de abril de 2020. En relación al tema, véase el libro Abelardo Pérez, *Me llaman "Maximón" Satánas con corbata y sombrero* (Guatemala: Artemis Edinter: 2009).

[15] James D. G. Dunn y Graham H. Twelftree, "Demon-Possession and Exorcism in The New Testament", *Churchman* 94/3 (1980): 223.

[16] "En las escenas de envío resalta el hecho que esta no fue una misión exclusiva de los discípulos más cercanos (Mr 9:38) en conexión con la misión de Jesús, quien fue enviado para luchar contra los espíritus del mal. Así, la Iglesia representada por los doce *continúa la misión de Jesús*". Estrada, "Las relaciones Jesús-pueblo-discípulos", 169. "Los discípulos llamados a seguir a Jesús y continuar su misión deberían participar en la lucha contra el mal en todas sus formas. Solo entonces se puede afirmar que cumplen con la vocación de llevar el Reino de Dios hacia su consumación. Por lo tanto, la apatía y la indiferencia no pueden tener lugar en el discipulado de Jesús". O'Shea, "The Mind and Message of Mark", 2017, http://evangelisationbrisbane.org.au/assets/uploads/the-mind-message-of-mark.pdf (10 de febrero de 2019).

evitar el escepticismo sobre los demonios y los exorcismos. La cautela y la moderación son esenciales para adoptar acciones, no necesariamente para evitarlas. El ejemplo de *la actitud compasiva de Jesús* debe mover a la Iglesia para ser un instrumento de liberación.[17] El cristiano no debe buscar o inventar la presencia de espíritus inmundos donde no los hay, para no caer en misticismos sin fundamentos. No hay necesidad de propiciar los encuentros con las personas poseídas por espíritus inmundos. Esto puede suceder en cualquier momento, en cualquier circunstancia inesperada, en una cita de consejería, en una visita, en una reunión, y en todo lugar, aún en una congregación (Mr 1:21-28). Por lo tanto, es importante que cuando sea el caso, *el cristiano esté preparado* para tales enfrentamientos.

No es aconsejable entablar una conversación con estos espíritus, para no desviar la efectividad de la liberación. Jesús, en alguna ocasión, les preguntó su nombre (Mr 5:9) pero no les dio mayor oportunidad de hablar. Los creyentes que tienen comunión con Dios atraerán la presencia del Espíritu Santo y los espíritus malignos tendrán que sujetarse a ellos (como delegados de Jesús). No hay necesidad de reprender a los espíritus inmundos con gritos o de hacer grandes escándalos y menos de maltratar físicamente a las víctimas.[18] Una vida de oración (9:29) y de adoración a Dios son los medios efectivos para la liberación de las almas poseídas y atormentadas por espíritus inmundos, y necesarios también para no ser avergonzados por ellos (Hch 19:15-16).

En casos menos explícitos, la forma efectiva de identificar un estado de posesión o influencia de espíritus malignos a utilizar por el cristiano (y que rara vez se discute en la literatura) es el uso del *don de discernimiento de espíritus* (p. ej., Hch 16:16-18). Este don

---

[17] Alberto Almeida de Paula, "Expulsão de demonios no Novo Testamento", *Fides Reformata* IX/2 (2004): 128.

[18] Las prácticas exorcistas con procedimientos equivocados debido a la ignorancia, a las supersticiones o a cualquier otro motivo, pueden incluso provocar tragedias, como la muerte de las supuestas víctimas de los demonios, como lo describen algunos reportes. Un caso reciente ocurrió en febrero de 2017 en Nicaragua. Una supuesta "endemoniada" murió después de haber sido quemada en un ritual para "sacarle el demonio". Editorial, "Indigna muerte por rito", *Prensa Libre* (Guatemala), 2 de marzo de 2017: 31.

sobrenatural otorgado por Dios permite distinguir si una manifestación conductual dada es del Espíritu Santo, del espíritu humano o de un espíritu maligno.[19]

Otro punto importante para la Iglesia, además de lo expuesto anteriormente, es la responsabilidad de enfrentar y contrarrestar otras formas de maldad que influyen a nivel general dentro de las estructuras sociales, principalmente aquellas que afectan a la familia, la ética, los valores y la moral. Este tema se trata en el siguiente segmento como reflexión final de esta investigación.

Las formas del mal en la sociedad del siglo XXI

¿Cuáles son algunas de las formas del mal que continúan levantándose en la sociedad? El escenario contemporáneo se caracteriza principalmente por la destrucción de la familia nuclear, la decadencia de la ética y la superficialidad de la mente cristiana.[20] El mayor problema a enfrentar en estos días es que por todos lados las pautas morales se están debilitando. La gente está confundida y no sabe si queda algún valor absoluto en pie. El relativismo moral

---

[19] Henry A. Virkler y Mary B. Virkler, "Demonic Involvement in Human Life and Illness", *Journal of Psychology and Theology* 5/2 (1977): 100-102. En la expresión "discernimiento de espíritus" (διακρίσεις πνευμάτων, 1 Co 12:10) Pablo usó el sustantivo "discernimiento" (διάκρισις) así como el autor de Hebreos lo utilizó en la expresión "discernimiento tanto del bien como del mal" (διάκρισιν καλοῦ τε καὶ κακοῦ, Heb 5:14). En este sentido, Juan usó la expresión "probad a los espíritus" (δοκιμάζετε τὰ πνεύματα) donde el verbo δοκιμάζω significa "probar" o "examinar" (1 Jn 4:1). "La presencia de un demonio debería ser *discernida espiritualmente*, no solamente bajo otros criterios. Ciertos problemas físicos o neurológicos y enfermedades, pueden o no ser causados por los demonios". Keener, "El Evangelio de Mateo" (módulo de maestría dictado en el Seminario Teológico Centroamericano, Guatemala, 11 de julio de 2019). Este mismo autor indica que la idea sobre la existencia de espíritus malignos podría ser considerada anticuada en el discurso intelectual occidental. Sin embargo, algunos profesionales de la salud mental se han convencido de la realidad de estos seres, y han puesto su reputación en juego al reconocer su existencia abiertamente. Han tratado casos raros que exceden los límites psiquiátricos normales. Además, describe varios reportes que han sido documentados por reconocidos psiquiatras. Véase Keener, "Crooked Spirits and Spiritual Identity Theft?", 355-358.

[20] Instituto Crux, *Ideario* (Guatemala, 2019), 6.

lamentablemente ha penetrado en la cultura y tristemente se está infiltrando en la Iglesia. Para nadie es desconocido que en la actualidad existe una agenda de carácter global que pretende destruir las instituciones creadas por Dios para el desarrollo de la existencia del ser humano, es decir, la familia y la Iglesia. Un ejemplo de esta problemática es el actual debate a nivel global de *la ideología de género*. Lo que está en juego es la estructura de la sociedad y la del propio ser humano.[21]

Otros ejemplos que se podrían mencionar son: Las instituciones envenenadas por la corrupción (principalmente en los países latinoamericanos donde los intereses sectoriales están por encima del bienestar nacional), la delincuencia, la pobreza extrema, la discriminación racial, el grave estado de desempleo, los problemas ecológicos que afectan el medio ambiente, etc. No se trata tanto de identificar y luchar con las personas responsables, aunque a veces esto puede ser necesario. Se debe discernir entre el cantante y la canción, entre el pecador y el pecado, y entre el hacedor y el hecho. En la mayoría de estos casos existe una situación perversa (Ef 6:12). Se trata de poderes y fuerzas que son obstáculos en el camino del crecimiento del Reino de Dios. Los discípulos de Jesús tienen la responsabilidad de *continuar la lucha* que Él comenzó e instó a continuar.[22] Argenti lo percibe así:

> Se puede decir que toda la vida cristiana es una lucha contra el mal, que Cristo mismo vino al mundo para liberar al hombre de la servidumbre del diablo. En la vida cotidiana y en el sistema moderno, los acontecimientos decisivos no son aquellos que el ojo del científico puede ver, observar y medir. Los eventos decisivos no son los fenómenos sino las decisiones tomadas en el secreto del corazón. Estas son las causas reales de los sucesos tanto de la historia como de la vida personal.[23]

---

[21] Ibíd., 20.
[22] O'Shea, "The Mind and Message of Mark", 2017, http://evangelisationbrisbane.org.au/assets/uploads/the-mind-message-of-mark.pdf (10 de febrero de 2019).
[23] Argenti, "A Meditation on Mark 5:1-20", 399.

Por esto, no se debe olvidar que el ser humano, creado a imagen de Dios, tiene una vocación por naturaleza y está llamado a desempeñar *una misión en el mundo* (Gn 1:26-28). El cristiano no es un simple espectador de lo que sucede, es *un actor en la sociedad* como ser humano y como hijo de Dios. El mundo es el escenario donde se representa el drama fundamental de la vida y por eso hay que responder ante el desafío de la crisis moral de la Iglesia y de la sociedad en general.[24] El Instituto Crux en su ideario advierte:

> La incapacidad de traducir el discurso religioso de la Iglesia en otros ámbitos de la vida, refleja las serias falencias de la fe, la espiritualidad y el conocimiento de las Sagradas Escrituras y su valor hermenéutico para responder concienzudamente al horizonte contemporáneo... Ante estas circunstancias, la comunidad cristiana se encuentra en una encrucijada: O cumple su labor de ser *sal y luz de este mundo* (Mt 5:13-16) o sucumbe a la cultura anti-cristiana de la época.[25]

Si no se establece el Reino de Dios, son las estructuras perdurables que prevalecen sobre el bien y las personas influenciadas por el mal que ocupan posiciones de poder dentro de ellas las que se convierten en problema. El reto consiste en cómo transformar dichas estructuras: Si escapan del control del ser humano, entonces solo Dios (a través de sus delegados, la Iglesia) puede hacerlo. El Reino de Dios tiene que ver con el cambio de las

---

[24] Instituto Crux, *Ideario*, 20.

[25] Ibíd., 23. "Ante la decadencia de la familia, la ética y la mente cristiana resulta necesario desarrollar una profunda honestidad intelectual y una integridad teológica frente a tanta deficiencia ético-hermenéutica. Sobre todo, porque el discurso teológico no es cualquier discurso: Es el discurso sobre la más grande y sublime realidad, que es Dios". Ibíd., 24. "La misión del Instituto Crux es desarrollar una plataforma de carácter apologético, ético e investigativo, que tenga como propósito defender y promover principios cristianos en una sociedad moralmente arbitraria y en constante decadencia cultural. Desde Guatemala lleva la visión al mundo hispano-hablante". Ibíd., 10. "La manera de ganar la batalla a Satanás es a través de la predicación del Evangelio". Keener, "El Evangelio de Mateo" (módulo de maestría dictado en el Seminario Teológico Centroamericano, Guatemala, 8 de julio de 2019).

estructuras sociales de manera que queden impregnadas del espíritu del Evangelio.[26]

Sintetizando, la batalla inició desde el principio del ministerio de Jesús en el desierto (Mr 1:12-13) pero continuó a lo largo de su ministerio, donde su muerte y su resurrección tuvieron un impacto aún más decisivo. Dado que la victoria en cierto sentido ha sido alcanzada por adelantado, se puede deducir que el rol de la Iglesia en el mundo es llevar a cabo las "operaciones de limpieza" en la fase media del Reino, porque la guerra aún continúa hasta la venida del Reino de Dios en su fase final, "cuando Cristo haya abolido todo principado y toda autoridad y poder, hasta que ponga a todos los enemigos bajo sus pies" (1 Co 15:24-28).[27]

Conclusiones finales

El estudio de la demonología en el Antiguo Cercano Oriente y en el AT, del término griego "demonio" y de su uso en las traducciones griegas del AT, así como el conocimiento de la demonología en la literatura del Segundo Templo y de la práctica de exorcismos en el siglo I, ayudan al lector del NT a conocer la cosmovisión de los escritores y de su audiencia en relación al rol de los demonios y otros espíritus malignos, como fue concebida en la época de Jesús.

---

[26] Bruce J. Malina, *El mundo social de Jesús y los evangelios: la antropología cultural mediterránea y el Nuevo Testamento* (Santander: Sal Terrae, 2002), 177; Pérez Ruiz, entrevista personal, Guatemala, 13 de abril de 2020. "El término 'exorcismo' se puede entender en un sentido estricto como el tratamiento para la liberación de la esclavitud espiritual cuando se conceptualiza como 'posesión demoníaca', o en un sentido más amplio, como el tratamiento de la humanidad desordenada en la dimensión espiritual". Dunn y Twelftree, "Demon-Possession and Exorcism", 223. Pérez Ruiz difiere del concepto "exorcismo" en este sentido amplio, el cual considera forzado. Él concibe el término "exorcismo" con un significado claro y preciso: "El reto litúrgico sacramental que la Iglesia aplica a un poseso para liberarlo de la acción posesiva del demonio". Pérez Ruiz, entrevista personal, Guatemala, 13 de abril de 2020.

[27] O'Shea, "The Mind and Message of Mark", 2017, http://evangelisationbrisbane.org.au/assets/uploads/the-mind-message-of-mark.pdf (10 de febrero de 2019).

El prólogo del evangelio de Marcos ayuda al lector a visualizar la unión entre lo que se anunció en el AT y lo que se realizaría en adelante, lo cual estaba *en continuidad* con la historia de la salvación de la que hablaban las Escrituras. Asimismo, es congruente una apelación a las imágenes de Is 49:24-25 para explicar el significado de los exorcismos en Mr 3:27. En Marcos, es alrededor de Jesús que está reunida la nueva familia de Sion. Entonces, recurrir a las imágenes del Señor, el Salvador y Redentor, el Fuerte de Jacob de Is 49, para interpretar el conflicto de Jesús con Satanás y sus huestes, *tiene muy buen sentido*. Conjuntamente, el camino de Israel como hijo de Dios en el evento del Éxodo es representado por *el camino de Jesús* en la narrativa de Marcos. Se unificaron temas proféticos de redención y juicio con vistas a la reconstitución de la familia de Dios, que el evangelista recontextualizó utilizando *la tipología apocalíptica* y la simbología de Israel para transmitir una nueva esperanza para su pueblo.

El rol de Satanás en Marcos empezó con la "tentación" a Jesús, con el propósito que desobedeciera a Dios y desviarlo de su misión. En el resto de la narrativa se observa *la incidencia de este rol* de parte de los familiares de Jesús, de los escribas y fariseos, y aún de sus discípulos más cercanos (como agentes de Satanás) quienes tentaron a Jesús para desviarlo del propósito de fidelidad al proyecto de Dios.[28] Además, la parábola del hombre fuerte muestra que la evidencia implícita más obvia del rol satánico en el evangelio de Marcos es la posesión demoníaca. Otros relatos muestran que "destruir la vida de aquellos que poseen" es el rol de los espíritus inmundos. Igualmente, la corrupción del Templo y del culto a Dios es otro rol de Satanás y los demonios.

Los exorcismos, que ocupan tanto espacio en el evangelio de Marcos, deben ser vistos como un medio que Jesús utilizó para revelar, proclamar y establecer el Reino de Dios. En la lucha implícita del proceso de su establecimiento hasta su futuro final, los espíritus malignos *protagonizan un rol de oposición*. Esta es la

---

[28] "Satanás le ofreció a Jesús un reinado sin ir a la cruz, que pudo ser una idea atractiva, pero ese no era el plan de Dios. Luego, Pedro le insinuó lo mismo". Keener, "El Evangelio de Mateo" (módulo de maestría dictado en el Seminario Teológico Centroamericano, Guatemala, 4 de julio de 2019).

razón escatológica por la que *Dios permite que sigan aún activos*. En la soberanía y bajo el control de Dios para el cumplimiento de sus propósitos, estos espíritus desempeñan roles como medidas preventivas o correctivas para el cristiano, como prueba de su obediencia a Dios y para que conozca la guerra.

La Iglesia actual debería tener esta convicción significativa en el proceso de la salvación y la madurez. El desafío consiste, además de echar fuera a los espíritus inmundos, en impactar a una sociedad corrompida por el pecado y por Satanás para contrarrestar la influencia maligna sobre la humanidad y la naturaleza cautivas.

BIBLIOGRAFÍA

Ahearne-Kroll, Stephen P. "'Who Are My Mother and My Brothers?' Family Relations and Family Language in the Gospel of Mark". *The Journal of Religion* 81 (2001): 1-25.

Alexander, T. Desmond y David W. Baker, eds. *Diccionario del Antiguo Testamento: Pentateuco*. Barcelona: CLIE, 2012.

Algra, Keimpe. "Stoics on Souls and Demons: Reconstructing Stoic Demonology". Páginas 71-96 en *Demons and the Devil in Ancient and Medieval Christianity*. Editado por Nienke Vos y Willemien Otten. Leiden: Brill, 2011.

Almeida de Paula, Alberto. "Expulsão de demônios no Novo Testamento". *Fides Reformata* IX/2 (2004): 119-128.

Alonso Schökel, L. y Juan Mateos. *La Biblia*. Madrid: Cristiandad, 1975.

Argenti, Cyrille. "A Meditation on Mark 5:1-20". *The Ecumenical Review* 23/4 (1971): 398-408.

Ayegboyin, Deji. "'Heal the Sick and Cast out Demons': The Response of the Aladura". *Studies in World Christianity* 10/2 (2004):233-249.

Beale, G. K. *A New Testament Biblical Theology: The Unfolding of the Old Testament in the New*. Grand Rapids: Baker, 2011.

Boomershine, T. y G. Bartholomew. "La técnica narrativa de Marcos 16:8". *Journal of Biblical Literature* 100 (1981): 213-223.

Brower, Kent. "'Who then is this?' Christological Questions in Mark 4:35-5:43". *Evangelical Quarterly* 81/4 (2009): 291-305.

Brown, Colin, ed. *Dictionary of New Testament Theology*. 3 volúmenes. Grand Rapids: Zondervan, 1975.

_____, F., S. Driver y C. Briggs. *The Brown-Driver-Briggs Hebrew and English Lexicon*. Peabody: Hendrickson, 2008, versión BibleWorks 10.

Burdon, Christopher. "'To the Other Side': Construction of Evil and Fear of Liberation in Mark 5.1-20". *Journal for the Study of the New Testament* 27/2 (2004): 149-167.

Busch, Austin. "Questioning and Conviction: Double-voiced Discourse in Mark 3:22-30". *Journal of Biblical Literature* 125/3 (2006): 477-505.

Calpino, Teresa. "The Gerasene Demoniac (Mark 5:1-20): The pre-Markan Function of the Pericope". *Biblical Research* 53 (2008): 15-23.

Caneday, A. B. "Mark's Provocative Use of Scripture in Narration 'He Was with the Wild Animals and Angels Ministered to Him'". *Bulletin for Biblical Research* 9 (1999): 19-36.

Carbullanca N., César. "La ignorancia en el Evangelio de Marcos. Un acercamiento desde la literatura de Qumrán a la teoría de las parábolas". *Theologica Xaveriana* 59/168 (2009): 331-358.

_____, César. "Demonología en la apocalíptica y Qumrán". *Teología y Vida* 57/2 (2016): 211-233.

_____-Núñez, César y Paulo Augusto De Souza Nogueira. "Cristología del Evangelio de Marcos". *Theologica Xaveriana* 67/184 (2017): 333-359.

Carter, Warren. "Cross-Gendered Romans and Mark's Jesus: Legion Enters the Pigs (Mark 5:1-20)". *Journal of Biblical Literature* 133/1 (2014): 139-155.

Casanova, Karina A. *Una comparación del aspecto verbal entre el griego koiné y el español*. Salem: Kerigma, 2020.

Corriente F. y A. Piñero. "Libro de los Jubileos". Páginas 67-193 en tomo 2 de *Apócrifos del Antiguo Testamento*. Editado por Alejandro Diez Macho. Madrid: Cristiandad, 1983.

_____. "Libro 1 de Henoc". Páginas 13-143 en tomo 4 de *Apócrifos del Antiguo Testamento*. Editado por Alejandro Diez Macho. Madrid: Cristiandad, 1984.

Dube, Zorodzai. "Casting Out Demons in Zimbabwe: A Coded Political Posturing". *Exchange* 41 (2012): 352-363.

Dunn, James D. G. y Graham H. Twelftree. "Demon-Possession and Exorcism in The New Testament". *Churchman* 94/3 (1980): 210-225.

Dyer, Charles H. "The Purpose for the Gospel of Mark". En *Essays in Honor of J. Dwight Pentecost*. Editado por Stanley D. Toussaint & Charles H. Dyer. Chicago: Moody Press, 1986.

Edersheim, Alfred. *Comentario Bíblico Histórico*. Barcelona: CLIE, 2009.

Editorial. "Indigna muerte por rito". *Prensa Libre* (Guatemala) 2 de marzo de 2017: 31.

Edwards, J. R. "Markan Sandwiches: The Significance of Interpolations in Markan Narratives". *Novum Testamentum* 31 (1989): 193-216.

Elder, Nicholas A. "Of Porcine and Polluted Spirits: Reading the Gerasene Demoniac (Mark 5:1-20) with the Book of Watchers (1 Enoch 1-36)". *The Catholic Biblical Quarterly* 78 (2016): 430-446.

Estrada, Juan Antonio. "Las relaciones Jesús-pueblo-discípulos en el evangelio de Marcos". *Estudios Eclesiásticos* 54 (1979): 151-170.

Evans, Morris O., ed. *The International Standard Bible Encyclopaedia*. 5 volúmenes. Grand Rapids: Eerdmans, 1939.

France, R. T. "The Beginning of Mark". *The Reformed Theological Review* 49/1 (1990): 11-19.

Freedman, H. *Genesis*. Tomo 1 de *Midrash Rabbah*. Editado por H. Freedman y Maurice Simon. London: The Soncino Press, 1961.

Friberg, Timothy, Barbara Friberg y Neva F. Miller. *Analytical Greek Lexicon*. Bloomington: Trafford, 2006, versión BibleWorks 10.

Frimpong, Emmanuel Kwabena. "Mark and spirit possession in an African context". Tesis Ph.D., University of Glasgow, 2006.

García Cordero, Maximiliano. *Biblia y Legado del Antiguo Oriente. El entorno cultural de la historia de la salvación*. Madrid: BAC, 1977.

_____ Martínez, Florentino. *Textos de Qumrán*, 4a. ed. Madrid: Trotta, 1993.

_____ Santos, Amador Ángel. *Diccionario del Griego Bíblico: Setenta y Nuevo Testamento*. Estella: Verbo Divino, 2011.

Garland, David E. "'I Am the Lord Your Healer': Mark 1:21-2:12". *Review and Expositor* 85 (1988): 327-343.

Gasparro, Lorenzo. "Marco e le scritture L'Antico Testamento e il suo compimento nel Secondo Vangelo". *Asprenas* 63 (2016): 7-31.

Gieschen, Charles A. "Why Was Jesus with the Wild Beasts (Mark 1:13)?". *Concordia Theological Quarterly* 73 (2009): 77-80.

Graves Robert y Raphael Patai. *Hebrew Myths: The Book of Genesis*. New York: Greenwich, 1983.

Guijarro Oporto, Santiago. "'Como está escrito'. Las citas de la escritura en los comienzos de los evangelios". *Salmanticensis* 61 (2014): 91-125.

Gundry, Robert H. *Mark. A Commentary on His Apology for the* Cross. Grand Rapids: Eerdmans, 1993.

Haustein, Jörg. "Embodying the Spirit(s): Pentecostal Demonology and Deliverance Discourse in Ethiopia". *Ethnos* 76/4 (2001): 534-552.

Hays, Richard B. *Echoes of Scripture in the Gospels*. Waco: Baylor University Press, 2016, versión Kindle.

_____. *Echoes of Scripture in the Letters of Paul*. New Haven: Yale University Press, 1989.

Hedrick, Charles W. "Miracles in Mark: A Study in Markan Theology and Its Implications for Modern Religious Thought". *Perspectives in Religious* Studies 34 (2007): 297-313.

_____. "What is a Gospel? Geography, Time and Narrative Structure". *Perspectives in Religious Studies* 10/3 (1983): 255-268.

Heil, John Paul. "Jesus with the Wild Animals in Mark 1:13". *The Catholic Biblical Quarterly* 68 (2006): 63-78.

Heiser, Michael S. *Angels What the Bible Really Says about God's Heavenly Host*. Bellingham: Lexham, 2018, versión Kindle.

_____. *Demons What the Bible Really Says About the Powers of Darkness*. Bellingham: Lexham, 2020, versión Kindle.

Hendriksen, William. *Exposition of the Gospel According to Mark. New Testament Commentary*. Grand Rapids: Baker, 1975.

Holladay, William Lee. *A Concise Hebrew and Aramaic Lexicon of the Old Testament*. Leiden: E. J. Brill, 1988, versión BibleWorks 10.

Instituto Crux. *Ideario*. Guatemala, 2019.

Jasper, David. "The Gaps in the Story: The Implied Reader in Mark 5:1-20". *Svensk Exegetisk Årbosk* 64 (1999): 79-88.

Johnson, Ronn. *Supernatural: A Study Guide*. Bellingham: Lexham, 2015, versión Kindle.

Josefo, Flavio. *Antigüedades de los Judíos*. Editado por Alfonso Ropero. Barcelona: CLIE, 2013.

_____. *Guerra de los Judíos y destrucción del Templo y ciudad de Jerusalén*. 2 tomos. Barcelona: Iberia, 1961.

Just, Félix. "Introducing the New Testament and the Gospel according to Mark". *Catholic Bible Institute - Diocese of Orange* (7 de septiembre de 2013): 1-26.

Kahneman, Daniel, Dan Lovallo y Olivier Sibony. "Antes de tomar una gran decisión...". *Harvard Business Review América Latina* (junio 2011): 1-12.

Keener, Craig. "El Evangelio de Mateo". Módulo de maestría dictado en el Seminario Teológico Centroamericano, Guatemala, 1 al 12 de julio de 2019.

_____ S. *A Commentary on the Gospel of Matthew*. Grand Rapids: Eerdmans, 1999.

_____. *Comentario del contexto cultural de la Biblia: Nuevo Testamento*. El Paso: Mundo Hispano, 2003.

_____. "Crooked Spirits and Spiritual Identity Theft: A Keener Response to Crooks?". *The Journal of Mind and Behavior* 39/4 (2018): 345-372.

_____. *Hermenéutica del Espíritu. Leyendo las Escrituras a la luz de Pentecostés*. Salem: Kerigma, 2017.

_____. *Miracles: The Credibility of the New Testament Acccounts*. 2 volúmenes. Grand Rapids: Baker, 2011.

_____. "Spirit Possession as a Cross-cultural Experience". *Bulletin for Biblical Research* 20/2 (2010): 215-235.

Kitz, Anne Marie. "Demons in the Hebrew Bible and the Ancient Near East". *Journal of Biblical Literature* 135/3 (2016): 447-464.

LaGrand, James. "The First of the Miracle Stories According to Mark (1:21-28)". *Currents in Theology and Mission* 20/6 (1993): 479-484.

Lasor, William Sanford, David Allan Hubbard y Frederic William Bush. *Panorama del Antiguo Testamento. Mensaje, forma y trasfondo del Antiguo Testamento*. Grand Rapids: Desafío, 1995.

Lee, Dorothy A. "'Signs and Works': The Miracles in the Gospels of Mark and John". *Colloqutum* 47/1 (2015): 89-101.

Longstaff, Thomas R. W. "Crisis and Christology: The Theology of the Gospel of Mark". *Perkins Journal* (1980): 28-40.

López, Carlos Alberto. "Satanás y sus huestes en Efesios: Un acercamiento exegético y teológico". *Kairós* 47 (julio-diciembre 2010): 33-46.

Maggi, Alberto. *Jesús y Belcebú: Satán y demonios en el Evangelio de Marcos*. Bilbao: Desclèe de Brouwer, 2000.

Malbon, Elizabeth Struthers. "Fallible Followers: Women and Men in the Gospel of Mark". *Semeia* 28 (1983): 29-48.

Malina, Bruce J. *El mundo del Nuevo Testamento. Perspectivas desde la antropología cultural*. Estella: Verbo Divino, 1995.

_____. *El mundo social de Jesús y los evangelios: la antropología cultural mediterránea y el Nuevo Testamento*. Santander: Sal Terrae, 2002.

_____ y Richard L. Rohrbaugh. *Los evangelios sinópticos y la cultura mediterránea del siglo I*. Estella: Verbo Divino, 2010.

Marcus, Joel. *El Evangelio según Marcos (Mc 1-8)*. Salamanca: Sígueme, 2010.

Martin, Dale Basil. "When Did Angels Become Demons?". *Journal of Biblical Literature* 129/4 (2010): 657-677.

Matera, Frank J. "The Prologue as the Interpretative Key to Mark's Gospel". *Journal for the Study of the New Testament* 34 (1988): 3-20.

Mäyrä, Frans Ilkka. *Demonic texts and textual demons: the demonic tradition, the self, and popular fiction*. Tampere: Tampere University Press, 1999.

McGlone, Mary M. "The core question". *The Word Scripted for Life* (12 al 25 de enero de 2018): 1.

Metzger, Bruce M. *Un comentario textual al Nuevo Testamento Griego*. Stuttgart: Sociedad Bíblica Alemana, 2006.

Middleton, Paul. "Overcoming the Devil in the Acts of the Martyrs". Páginas 357-374 en *Evil in Second Temple Judaism and Early Christianity*. Editado por Chris Keith y Loren T. Stuckenbruck. Tübingen: Mohr Siebeck, 2016.

Morales, Nelson. Apuntes de Uso del Antiguo Testamento en el Nuevo Testamento. Seminario Teológico Centroamericano, 2018.

_____. Entrevista personal. Guatemala, 19 de agosto de 2019.

Navarro, Mª. Ángeles. "Libro Hebreo de Henoc". Páginas 203-291 en tomo 4 de *Apócrifos del Antiguo Testamento*. Editado por Alejandro Diez Macho. Madrid: Cristiandad, 1984.

O'Neill, Kevin Lewis. "Pastor Harold Caballeros Believes in Demons: Belief and Believing in the Study of Religion". *History of Religions* 51 (2012): 299-316.

O'Shea, Bill. "The Mind and Message of Mark". 2017. http://evangelisationbrisbane.org.au/assets/uploads/the-mind-message-of-mark.pdf (10 de febrero de 2019).

Oiagunju, Olugbenga. "Jesus' Healing Miracles in Mark 7:31-37 in an African Context". *Ogbomoso Journal of Theology* XVIII (2013): 67-97.

Oropeza, B. J. *99 Answers to Questions about Angels, Demons, and Spiritual Warfare*. Downers Grove: InterVarsity, 1997, versión Kindle.

Oswalt, John N. *The Book of Isaiah Chapters 40-66*. The New International Commentary on the Old Testament. Editado por R. K. Harrison y Robert L. Hubbard. Grand Rapids: Eerdmans, 1998.

Outler, Albert C. "The Gospel According to St. Mark". *Perkins Journal* (summer 1980): 3-9.

Peacock, Heber F. "The Theology of the Gospel of Mark". *Review and Expositor* 55/4 (1958): 393-399.

Pérez, Abelardo. *Me llaman "Maximón" Satánas con corbata y sombrero*. Guatemala: Artemis Edinter, 2009.

_____ Ruiz, Abelardo. Entrevista personal. Guatemala, 13 de abril de 2020.

Perry, Peter S. "Relevance Theory and Intertextuality". Páginas 207-221 en *Exploring Intertextuality: Diverse Strategies for New Testament Interpretation of Texts*. Editado por B. J. Oropeza y Steve Moyise. Eugene: Cascade, 2016.

Piñero, A. 'Testamento de Leví'. Páginas 45-72 en "Testamentos de los doce patriarcas". Páginas 11-160 en tomo 5 de *Apócrifos del Antiguo Testamento*. Editado por Alejandro Diez Macho. Madrid: Cristiandad, 1987.

_____. 'Testamento de Neftalí'. Páginas 110-124 en "Testamentos de los doce patriarcas". Páginas 11-160 en tomo 5 de *Apócrifos del Antiguo Testamento*. Editado por Alejandro Diez Macho. Madrid: Cristiandad, 1987.

_____. "Testamento de Salomón". Páginas 325-387 en tomo 5 de *Apócrifos del Antiguo Testamento*. Editado por Alejandro Diez Macho. Madrid: Cristiandad, 1987.

Pritchard, James B., ed. "Canaanite and Aramaic Inscriptions". Páginas 653-662 en *Ancient Near Eastern Texts Relating to the Old Testament*. Traductor del capítulo Franz Rosenthal. Princeton: New Jersey Princeton University Press, 1969.

_____. "Akkadian Myths and Epics". Páginas 60-119 en *Ancient Near Eastern Texts Relating to the Old Testament*. Traductor del capítulo E. A. Speiser. Princeton: New Jersey Princeton University Press, 1969.

Prophet, Elizabeth Clare. *Fallen Angels and the Origins of Evil*. Gardiner: Summit University Press, 2000.

Rescio, Mara. "Demons and Prayer: Traces of Jesus' Esoteric Teaching from Mark to Clement of Alexandria". *Annali di Storia dell'Esegesi* 31/1 (2014): 53-81.

Robbins, Vernon K. "The Intertexture of Apocalyptic Discourse in the Gospel of Mark". http://www.religion.emory.edu/faculty/robbins/Pdfs/ApocIntertexture.pdf (7 de enero de 2019).

Robinson, S. E. "Testament of Adam". Páginas 989-995 en tomo 1 de *The Old Testament Pseudepigrapha*. Editado por James H. Charlesworth. Garden City: Doubleday, 1983.

Rosenberg, Eliza Margaret. *The Representation and Role of Demon Possession in Mark*. Ottawa: Heritage Branch, 2007.

Ryan, Jordan J. "Jesus and Synagogue Disputes: Recovering the Institutional Context of Luke 13:10-17". *The Catholic Biblical Quarterly* 79 (2017): 41-59.

Santos Otero, A. de. "Libro de los secretos de Henoc". Páginas 147-202 en tomo 4 de *Apócrifos del Antiguo Testamento*. Editado por Alejandro Diez Macho. Madrid: Cristiandad, 1984.

Seggiaro, Luis A. *La medicina en la Biblia*. Córdoba: Certeza, s.f.

Shively, Elizabeth E. *Apocalyptic Imagination in the Gospel of Mark. The Literary and Theological Role of Mark 3:22-30*. Scotland: De Gruyter, 2012.

Smith, C. Drew. "'This is my Beloved Son; Listen to Him': Theology and Christology in the Gospel of Mark". *Horizons in Biblical Theology* 24 (2002): 53-86.

Starobinski, Jean. "An Essay in Literary Analysis - Mark 5:1-20". *The Ecumenical Review* 23/4 (1971): 377-397.

Steele, Greg. "The Theology of Hiddenness in the Gospel of Mark: An Exploration of the Messianic Secret and Corollaries". *Restoration Quarterly* 54/3 (2012): 169-185.

Steffen, Daniel S. "King Solomon, Son of David, and Bartimaeus". Tesis de Seminario de Nuevo Testamento II, Seminario Teológico de Dallas, 1992.

Straubinger, Juan. *Biblia comentada*. Tlalnepantla, México D.F.: Sr. Fr. Felipe de Jesús Cueto, 1969.

Strelan, Rick. "The Fallen Watchers and the Disciples in Mark". *Journal for the Study of the Pseudepigrapha* 20 (1999): 73-92.

Suárez de la Torre, Emilio. "Oráculos Sibilinos". Páginas 241-396 en tomo 3 de *Apócrifos del Antiguo Testamento*. Editado por Alejandro Diez Macho. Madrid: Cristiandad, 1982.

Tenney, Merrill C., ed. *The Zondervan Pictorial Encyclopedia of the Bible*. 5 volúmenes. Grand Rapids: Zondervan, 1977.

The Targum Sheni to Esther, Ch. 1, en *The Two Targums of Esther*. Traducido por B. Grossfeld. Collegeville: The Liturgital, 1991.

Triviño, José María. *Obras completas de Filón de Alejandría*. 5 volúmenes. Buenos Aires: Universidad Nacional de La Plata, 1976.

Van Oyen, Geert. "Demons and Exorcisms in the Gospel of Mark". Páginas 99-116 en *Demons and the Devil in Ancient and Medieval Christianity*. Editado por Nienke Vos y Willemien Otten. Leiden: Brill, 2011.

Vila, Samuel y Santiago Escuain. *Nuevo Diccionario Bíblico Ilustrado*. Terrassa: CLIE, 1985.

Viljoen, Francois. "Mark, the Gospel of the suffering Son of Man: An encouragement directed to a despondent religious minority in the city of Rome". *In die Skriflig* 36/3 (2002): 455-474.

Virkler, Henry A. y Mary B. Virkler. "Demonic Involvement in Human Life and Illness". *Journal of Psychology and Theology* 5/2 (1977): 95-102.

Vos, Nienke. "Demons and the Devil in Ancient and Medieval Christianity: Introduction, Summary, Reflection". Páginas 3-36 en *Demons and the Devil in Ancient and Medieval Christianity*. Editado por Nienke Vos y Willemien Otten. Leiden: Brill, 2011.

Walton, John H. "The Lost World of Adam & Eve". *Christianity Today* (marzo de 2015). https://www.christianitytoday.com/ct/2015/march/lost-world-of-adam-and-eve.html (12 de marzo de 2019).

_____. *Genesis 1 as Ancient Cosmology*. Winona Lake: Eisenbrauns, 2011.

Watson, Francis. "The Social Function of Mark's Secrecy Theme". *Journal for the Study of the New Testament* 24 (1985): 49-69.

Watts, Rikk E. "Mark". Páginas 111-250 en *Commentary on the New Testament use of the Old* Testament. Editado por G. K. Beale y D. A. Carson. Grand Rapids: Baker, 2007.

_____, Rikki E. *Isaiah's New Exodus in Mark*. Grand Rapids: Baker, 2000.

Wegener, Mark I. "Reading Mark's Gospel Today: A Cruciforming Experience". Disertación de Th.D., Escuela Luterana de Teología, 1992.

Wrede, William. *The Messianic Secret*. Traducido por J. C. G. Greig. Cambridge: James Clarke & CO., 1971.

Wright, Archie T. "Some Observations of Philo's *de Gigantibus* and Evil Spirits in Second Temple Judaism". *Journal for the Study of Judaism* XXXVI/4 (2005): 471-488.

_____. *The Origin of Evil Spirits. The Reception of Genesis 6.1-4 in Early Jewish Literature*. Tübingen: Mohr Siebeck, 2005.

Made in the USA
Middletown, DE
02 August 2020